主　　　编　钱　斌
执行副主编　汪　斌
诗歌副主编　杨金香　孙月龙

君子与时代新人丛书

丛书主编 ◎ 钱念孙

君子故事

钱斌 / 主编

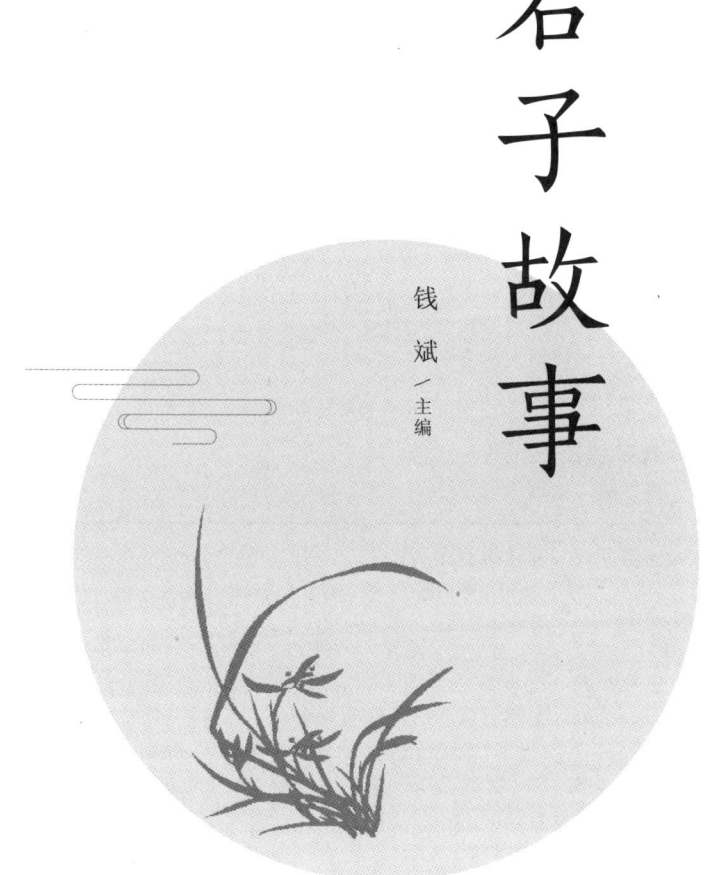

海峡出版发行集团 | 福建教育出版社

图书在版编目（CIP）数据

君子故事/钱斌主编.—福州：福建教育出版社，2019.11
（君子与时代新人丛书/钱念孙主编）
ISBN 978-7-5334-8423-1

Ⅰ.①君… Ⅱ.①钱… Ⅲ.①中华文化—通俗读物 Ⅳ.①K203-49

中国版本图书馆CIP数据核字（2019）第072171号

君子与时代新人丛书
丛书主编 钱念孙
Junzi Gushi

君子故事
钱 斌 主编

出版发行	福建教育出版社
	（福州市梦山路27号　邮编：350025　网址：www.fep.com.cn
	编辑部电话：0591-83728245　83786912
	发行部电话：0591-83721876　87115073　010-62027445）
出 版 人	江金辉
印　　刷	福州万紫千红印刷有限公司
	（福州市闽侯县南屿镇南岐村安里6号　邮编：350109）
开　　本	890毫米×1240毫米　1/32
印　　张	8.125
字　　数	176千字
插　　页	2
版　　次	2019年11月第1版　2019年11月第1次印刷
书　　号	ISBN 978-7-5334-8423-1
定　　价	25.00元

如发现本书印装质量问题，请向本社出版科（电话：0591-83726019）调换。

总 序

借古开今展新篇

钱念孙

君子是中华民族千锤百炼的人格基因，是数千年中国人推崇的正面人格形象。时代新人是党的十九大报告对培养什么样的人提出的要求，是新时代中国特色社会主义塑造人才的新目标。表面看，两者似乎相隔遥远、差距较大，实质上，两者基本精神和内在要求高度重合、颇为一致。

综合时下多种权威解释，"时代新人"主要涉及五条标准，即有理想、明大德、强本领、勇担当、重实干。其实，这五个方面要求，古代先哲谈论君子特点时早有涉猎，并且不是浅尝辄止，泛泛而谈，而是响鼓重槌，反复申论。"君子谋道不谋食"（《论语·卫灵公》）、"君子学以致其道"（《论语·子张》）、"君子之志于道也"（《孟子·尽心上》），这不是强调君子要有理想有抱负吗？"君子以厚德载物"（《周易·坤卦》）、"君子怀德"（《论语·里仁》）、"君子见善则迁，有过则改"（《周易·益·象辞》，这不是把明大德作为成就君子的必备条件吗？"君子博学于文"（《论语·雍也》）、"君子病无能焉，不病人之不己知也"（《论语·卫灵公》），这不是将本领和能力看作君子的基本素质吗？"君子忧道不忧贫"(《论语·卫灵公》)、"君子之守,修其身而天下平"(《孟子·尽心下》),这不是肯定君子要有担当精神和忧患意识吗?"君子以自强不息"(《周易·乾卦》)、"君子耻其言而过其行"(《论语·宪问》)、"君子欲讷于言而敏于行"(《论语·里仁》),这不是推崇君子要有奋发有为的实干精神吗?正因为古代先贤有关君子的论说与当代如何做人做事的观念完全可以融会贯通,近年来我对如何立足中华优秀传统文化培育和践行社会主义核心价值观作了一些思考,提出君子文化最能代表中华民族深层精神追求和独特精神标识,是传统文化中具有当代价值和世界意义的文化精髓,是我们培育和践行社会主义核心价值观能够直接嫁接并开花结果的老树新枝等观点,①试图在传统君子人格与时代新人培养之间架起互鉴互通的桥梁和纽带。

如此突出君子人格与时代新人的内在联系,自然涉及对人文思想领域继承与创新关系的理解。"周虽旧邦,其命维新",这句出自《诗经·大雅·文王》中的名句,多被解释为"周虽旧的邦国,其使命在革新"。作为"四书"之一的《大学》早就指出:此句与汤之《盘铭》"苟日新,日日新,又日新"、与《尚书·康

---

① 参见拙文《君子文化与社会主义核心价值观》,《光明日报》2014年6月13日,《新华文摘》2014年第19期;《君子:中华民族千锤百炼的人格基因》,《群言》2016年第2期,《博览群书》2016年第5期;《开垦君子文化沃土 收获精神文明硕果》,《光明日报》2016年4月11日;《君子文化在传统文化中的地位和影响》,《学术界》2017年第1期;《培育君子人格是传扬中华优秀传统文化的重要目标》,《中国艺术报》2017年3月13日;《君子文化的传统魅力与当代张力》,《光明日报》2018年4月3日;《君子文化浸润中国人的日常生活》,《光明日报》2018年11月20日,《学习活页文选》2018年第53期。

诰》"作新民"相联系。"苟日新，日日新，又日新"镂刻于商朝开国君主成汤的浴盆之上，意为每天沐浴洗澡去除污垢，才能保持洁净清新；引申意为每日以德净心和润身，才能保持思想、言行、人生的纯洁、健康和兴旺。"作新民"是指使人每日反省，悔过自新。因此，"周虽旧邦，其命维新"，并非说周朝脱胎换骨，革故鼎新，变成一个新的邦国，而是指"周朝虽为旧的国邦，命运却迎来每日之新气象"。宋代理学家程颐曾说："君子之学必日新，日新者日进也。"（《二程集·河南程氏遗书卷第二十五》）这里所说的"新"，并不是对原有学问的抛弃和否定，而是指在旧有学术基础上的不断进步，有所拓展和深化。纵观中国学术史，人文社会科学里谈论治国理政和思想道德的许多概念，虽然在不同时代有不同表述，并且每个时代常常更多声张自己与既往不同和相异的一面，但实质上，不同词汇和说法不仅意蕴一脉相承，而且内涵大同小异，并行不悖。

譬如，我们今天所说的"以人民为中心"执政理念，与古代"民惟邦本，本固邦宁"（《尚书·五子之歌》）、"民为贵，社稷次之，君为轻"（《孟子·尽心下》）等民本思想，不仅意脉相互贯通，精神也高度契合。其他如崇尚清廉为政、勤勉奉公，倡导严于修身、俭约自守等等，莫不如是。为什么唐太宗怀念魏徵时说"夫以铜为镜，可以正衣冠；以古为镜，可以知兴替；以人为镜，可以明得失"（《旧唐书·魏徵传》）？为什么在社会生活疾速推进的当下，我们仍强调继承弘扬中华优秀传统文化的重要性？其原因就在于：现代由古代延续而来，现代只是历史长河中的一瞬，而漫长的古代不仅在时间上是千百个既往现代的累积，并且在知识文化上拥有无数既往经验和智慧的积淀。人类社会发展，除自然科学及工程技术领域会产生彻底否定和颠覆既往理论及技术的状况外，人文社会科学领域许多反映社会和人生基本生存规律的理念及思想，往往并不会随着时代变迁或朝代更迭而失去意义，反而会随着时间推移和历史检验绽放更加夺目的光彩。人们之所以经常说鉴往知来、借古开今，就在于历史和传统中饱蕴着大量处理今天繁难事务的智慧和启示。

正因如此，福建教育出版社策划出版这套"君子与时代新人丛书"，可谓别具只眼，很有意义。人是社会实践的主体，是推动社会历史前行的动力，人的成长既被社会生活所塑造，又在社会进步中实现自身发展。这套书不是简单教条地阐述"时代新人"的内涵和意义，而是把"培养担当民族复兴大任的时代新人"的宏伟任务，放在数千年中华民族探索如何做人、做什么样人的历史中进行考察，放在中华民族历来推崇的可学可做并应学应做的理想人格，即君子人格形成与发展的过程中进行讨论，追本溯源，温故知新，探幽穷赜，钩深致远。丛书既有《君子名言》这样从历代浩瀚典籍中精选和解读前贤有关君子论述的箴言录，也有《君子故事》这样从漫长历史中搜集和展示君子感人事迹的掌故集；既有《何为君子》这样从理论上思考和探讨君子内涵及外延的学术札记，又有《从君子到时代新人》这样琢磨和寻觅中华民族集体人格塑造及培育路径的思辨随笔。拜读丛书书稿，虽通过编辑或直接向作者提过一些修改意见，但总体看，丛书几位作者均学有根底、写作态度认真、表达富有个性特色。《君子名言》的匠心选择和准确译评，《君子故事》的生动讲述和绝句开篇，《何为君子》的娓娓道来和条分缕析，《从君子到时代新人》的犀利文风和锐意己见，尤其是其通过培养君子公民造就时代新人的观点及分析,都让人留下深刻印象并深受教益。

因在倡导和开展君子文化研究及实践方面尽了一点绵薄之力,福建教育出版社孙汉生先生约我担任丛书主编并嘱序。这使我有机会较早接触到丛书的选题策划,先睹为快阅读了诸位学者的书稿,产生一些粗浅感想及看法。这里和盘托出,鱼目混珠,权充为序。

序 言

"君子"一词，在中国传统文化中的影响极其深远。

我们所效仿的先贤，身上大多有君子的特质；我们喜爱的华章，里面有很多颂扬君子的诗篇和语句；我们欣赏的国画，梅兰竹菊始终是重要的主题……甚至我们的日常用语里，也经常会出现与君子相关的词句。

可是，"君子"究竟是怎样的呢？

数千年来，虽然我们一直在说君子、学君子、做君子，但是先哲们始终没有给出君子的确切概念，或者说是标准。人们只是模糊地觉得君子大概是怎样的，自己应该怎样去做——至于做完了是否就成为了"君子"，其实他们自己也不太清楚。

有人认为，这是中国传统文化的一个缺点。

是否真是如此，我们暂不讨论。

只是，国破家亡之际，晓月清风之时，亲人团聚之后，君子的标准真的一成不变吗？

社会是多元的，情境是多变的，选择是多重的，如果"君子"真的必须有一个统一的标准,那这世上恐怕再无君子!

或许,模糊,恰恰是君子的魅力所在。千百年来,人们争做君子,无数人的践行,才熔铸出我们这样一个礼义之邦。

一个民族的文化自信,其实也包含了对本民族思想方法、行为习惯的认可和奉行。

近些年来,关于君子文化的讨论,已呈如火如荼之势。

实现伟大复兴的中国梦,我们需要从传统文化中不断汲取精神的滋养,还要提取其中的优秀基因,创造性转化、创新性发展,创造出符合时代特色的社会主义新文化。

上世纪初叶,中华传统文化在继承上出现了整体性的断裂,这种断裂至今尚未完全修复。传统文化并未随着时代的发展实现近代化、现代化。

君子文化亦然。

是以弘扬君子文化,首先要对其进行深入的挖掘,再依据时代特点实现创新转化,同时要努力进行大众普及,让君子形象再次深入人心。

君子文化如何进行大众普及呢?

有些社会精英对高雅文化津津乐道,甚至国家大剧院也每每给演出剧目贴上"高雅文化"的标签,似乎这样才能高大上,才是当代文化的主流。

如果文化是高高在上,而非触手可及的,这样的文化还有存在的意义吗?

君子文化研究者应该弯下腰,走到人民群众当中,以鲜活具体的内容、喜闻乐见的形式，向他们传播君子文化。

——弯腰，是当代中国学者应有的态度。

——传播，是当代中国学者应尽的责任。

故事，是大众传播的好形式。

在中国，在世界，下至垂髫小儿，上至耄耋老者，没有人不喜欢讲故事，没有人不喜欢听故事。

大文豪苏轼就很喜欢听故事。小时候，母亲程氏给他读《后汉书·范滂传》。

范滂，刚直之士，为官清正，嫉恶如仇。他受党锢之祸牵连，被专权的宦官屈杀。临刑前，母亲来和他告别。范滂安慰母亲，让她不要为自己悲伤。母亲说：你今天能够名扬天下，受世人景仰，我还有什么好遗憾的呢？有了好名声，还要求长寿，怎么可能两样都得到呢？

程氏读完，喟然长叹。

苏轼听完故事问道：如果有一天我也像范滂那样，母亲赞成吗？程氏说：你要是能做范滂，我难道就不能做范滂的母亲吗？

这个故事影响了苏轼的一生，让中华文化史上出现了一颗光芒四射的巨星。

感福建教育出版社孙汉生先生之邀，受安徽省君子文化研究会之托，遂主持编写《君子故事》。

我们对心目中的"君子"进行了这样的描述：只要此人心里充满了正能量，能够端正自己的行为，对国家、社会或个人有益，并且能够影响他人的思想、行为等，均可视为君子。

以此为标准，遴选古今君子50位。

那些历史上广为人知的人物，则不作为我们遴选的对象。这样的考虑，一是关于这些人物的著述已汗牛充栋，相关故事也是流传甚广，毋须重复创作；二则，也是为了向大众展现更多的君子形象，展示更深厚的君子文化内涵。

我们的目的，是讲好这些君子故事。通过细腻的审美感受和想象、激情、联想、共鸣等心理模仿，将君子的鲜明形象深深地扎根到民众的内心当中去，进而转化为他们坚定不移的追求和自觉自愿的行动，涵育社会主义核心价值观，培养新时代的君子。

——此所谓"以文化人"也。

习近平总书记所说的"讲好中国故事"，其实包含了故事的内容、故事的形式，以及故事的讲述者三个方面。

对于"君子故事"，那些君子的事迹，本身就很感人，我们需要着重考虑的，是如何通过好的形式，将这些感人的故事表达出来，去感动读者。

我们模仿007系列电影的叙事结构，先讲述主人公的一个小故事，然后再讲述他的君子故事。在不违背历史真实的情况下，创设情境，丰富细节，在娓娓道来的故事中展现主人公的君子之风。

这样，主人公的故事大小相间、缓急相连，可以很好地调节读者的阅读节奏。

每篇文稿，我们都采用一句古人的话，来对主人公的君子思想或者君子行为进行点评。通过这样的方式，可以很好地提示读者的阅读重点。

每篇文稿篇幅不长，这样，既可以很好地展示故事主人公的君子形象，也很好地适应了当代人碎片化阅读的习惯。

——我们希望创造一种范式，"好的中国故事"的范式。

我们组建了一支创作团队，成员包括来自合肥工业大学、安徽中医药大学、滁州学院、合肥师范学院、铜陵学院、商丘师范学院、安阳师范学院、南京师范大学、河池学院、南昌大学、江西中医药大学、淮北师范大学、浙江大学13所高校的博士生、硕士生和本科生，还有一位来自平安人寿湖北分公司的传统文化爱好者。

创作团队由汪斌负责。

汪斌者，青年才俊也。工科背景，却钟爱传统文化，尤喜各种戏曲。典籍阅读宽广，诗文修养深厚，才思敏捷，下笔成章。

组建这样一支"讲述者"团队，是因为他们更接近当代人的话语平台，他们的表达更适合当代人的阅读习惯。

——他们应该被培养起来，因为他们将是传承中华优秀传统文化的主力军。

——他们应该被培养起来，让他们向世界人民"讲好中国故事，传播好中国声音，阐释好中国特色，展示好中国形象"。

带领这样一支以学生为主的创作团队，也是对高校育人模式的一次创新。

贯彻教育部"十大育人体系"建设规划，高等学校应落实课程育人、文化育人、科研育人和实践育人等方面的要求。

课程育人。高等学校要挖掘各种思想政治教育元素，对学生立德树人。而学生参与君子文化的创作，是一种有引导的自我品德教育，这是对思想政治教育内容上、方法上的一个拓展。

文化育人。组织学生编写君子故事的意义，在于用大量优秀的传统文化素材对他们进行直接的教育；并通过他们的故事创作，去教育更多的受众。以文化己，以文化人。

科研育人。我们提出了优秀传统文化大学生"科研传承模式"，以项目的形式带领学生进行创作，增强他们的文化素养，培养他们的科研能力，规范他们的学术道德。

实践育人。文化创作是一种特殊的实践形式。在此过程中，不仅可以促进君子文化的传播创新，同时也在实践中培养了学生的相关能力和团队意识。

——落红不是无情物，化作春泥更护花。我们以为：只要教师怀揣一颗关爱学生的心，就一定能够创出各种新办法，把学生培养成品德高尚、能力超卓的社会主义事业的建设者和接班人。

"天行健，君子以自强不息。"《易经》里的这句话，大概最能体现出我们的民族精神和君子文化的内涵。

君子文化是中华民族五千多年文明历史所孕育的优秀文化，这种血脉相连的关系，决定了我们在创作过程中，要更多地渗入优秀传统文化元素，以实现其和社会主义先进文化的融合性传播。

由燕山诗社杨金香、孙月龙两位老师统筹，我们对每一篇故事的篇名和中心内容进行了传统方式的提炼和加工。

篇名先是由作者自己以成语方式凝练，后由汪斌统一润色。

——力争使每一篇的篇名既包含君子文化的特质，又富有传统文化的韵味。

我们还邀请来自全国各地（包括现居海外）的诗人，将每一篇故事的中心内容提炼，写成七言绝句，然后作为题记置于各篇之首。

——诗歌创作共计 50 首。我们希望以这种创新性的形式，将传统文化与先进文化相融汇。

本书创作历时 8 个月。

团队成员利用课余时间查阅资料，潜心写作，表现出极大的创作热情。

每篇稿件，作为主编我均仔细审阅，逐一给予修改意见。

批阅的原则，不是字斟句酌的修改，而是总体上把握作者的构思和表达，引导作者写出属于他自己的"原生态"作品。

团队成员认真修改作品，个别作者竟修改了 10 次之多。

经过团队成员共同努力，《君子故事》如期完成。

在充分了解团队的创作情况后，共青团合肥工业大学委员会认为：本次创作活动有利于充分发挥大学生在文化传承建设过程中的积极性和主动性，凝聚为具有工大内涵，饱含时代特征，充满向上动能的一流大学精神和大学文化。故此，以"合肥工业大学大学生文化传承项目"形式予以立项支持，为作品集的最终完成提供了保障。

诗云：
都说正人君子延，时空万转德先传。
五千载体文明播，华夏儿孙必做贤。（浙江翁刅袍）

这是一本展现君子风范的故事集,略显稚嫩但语言活泼、思想敏锐、形象鲜明。

这是一本展示当代大学生风采的作品集,略带青涩但青春飞扬,活力四射。

这是一本讲述"中国故事"的作品集,稍显粗糙,但凝聚了我们团队的创新和思考。

冀望能对君子文化大众普及、传承创新,对新时代新君子的不断涌现尽到绵薄之力。

——让君子文化走出象牙塔,走进百姓中,传播到千家万户。

钱　斌

2019 年 10 月

目 录

1 画地为牢——皋陶篇/洪小燕 ………………… 1
2 安贫乐道——颜回篇/蔡小萌 ………………… 5
3 窃符救赵——信陵君篇/周丽阳 ……………… 10
4 千古一相——管仲篇/李佳丽 ………………… 15
5 割股奉君——介子推篇/赵新新 ……………… 20
6 搜孤救孤——程婴篇/汪斌 …………………… 25
7 泽畔行吟——屈原篇/汪婷 …………………… 31
8 完璧归赵——蔺相如篇/阮闵妍 ……………… 36
9 史家绝唱——司马迁篇/赵新新 ……………… 41
10 牧羊北海——苏武篇/王昭铭 ………………… 46
11 封狼居胥——霍去病篇/汪婷 ………………… 51
12 弘实体远——宋弘篇/李慧苹 ………………… 56
13 高风亮节——严子陵篇/李晨睿 ……………… 61
14 义绝关公——关羽篇/王国荣 ………………… 66
15 清风正气——管宁篇/洪小燕 ………………… 71
16 山涛饮郫——山涛篇/李文杰 ………………… 75
17 广陵绝响——嵇康篇/陈卷叠 ………………… 80
18 咏絮之才——谢道韫篇/余子婷 ……………… 84
19 鹏鸟之心——李白篇/刘婷 …………………… 89

1

20	诗中圣哲——杜甫篇/刘陈雪	94
21	击笏守节——段秀实篇/王龙	99
22	文以明道——韩愈篇/郑娇	104
23	犯颜直谏——范仲淹篇/佘子婷	109
24	吟啸徐行——苏轼篇/鲍星星	114
25	清辉朗照——李清照篇/叶晔	119
26	金山战鼓——梁红玉篇/朱若楠	123
27	精忠报国——岳飞篇/刘陈雪	128
28	洗冤泽物——宋慈篇/赵传敏	133
29	丹心不悔——文天祥篇/鲍星星	138
30	浩然正气——张养浩篇/赵传敏	144
31	大儒纯臣——宋濂篇/赵新新	148
32	此心光明——王阳明篇/姜雪涵	153
33	甘草阁老——徐阶篇/朱若楠	158
34	梅岭忠魂——史可法篇/阮闵妍	162
35	尘表孤踪——傅山篇/刘经博	166
36	清骨如是——柳如是篇/蒋倩倩	170
37	虎门销烟——林则徐篇/赵传敏	175
38	雪岩撑伞——胡雪岩篇/李文杰	180
39	碧海丹心——邓世昌篇/张梦雨	185
40	舍身成仁——谭嗣同篇/陈卷叠	189
41	巾帼烈士——秋瑾篇/王昭铭	193

42 梅兰芳华——梅兰芳篇/张梦雨 …………… 198

43 骏马飞鸿——徐悲鸿篇/周丽阳 …………… 203

44 胸怀霜雪——梁思成篇/姜雪涵 …………… 208

45 魂萦兰考——焦裕禄篇/阮闵妍 …………… 213

46 两弹元勋——邓稼先篇/李晨睿 …………… 217

47 十里林洲——杨善洲篇/阮闵妍 刘经博 ……… 222

48 仁满华西——吴仁宝篇/范丽珍 …………… 227

49 梦圆大地——袁隆平篇/阮闵妍 …………… 232

50 爱在政和——廖俊波篇/刘经博 …………… 237

1 画地为牢

——皋陶篇

画地为牢明渭泾,皋陶獬豸比雷霆。
五刑五教千秋津,惠及而今固戢宁。

(北京 徐拥军)

传说上古时代,少昊帝有一个温婉可人的女儿,名叫女修。一天清晨,从东方飞来一只玄鸟落在黄连树上,拍打着翅膀,高亢嘹亮地唱着歌。树下纺纱织布的女修听懂了玄鸟的吟唱,不住地点头微笑。

日上三竿,玄鸟用尽力气产下一枚巨大的鸟蛋,被女修稳稳接住。回家后,她沐浴焚香,更衣膜拜,将玄鸟蛋吞了下去。之后,女修的肚子就一天天大起来。过了两百八十多天,她突然感到腹中躁动不安,便躺在床上,而那只玄鸟又从东方飞来,守在女修的房门外。傍晚,女修诞下一男婴,并为孩子起名为繇,字庭坚。他就是中国历史上第一位大法官——皋陶(Gāo yáo)。

皋陶约生于公元前二十一世纪,活跃在三皇五帝时期,是东夷部落的首领。传说,他的相貌十分奇特,脸上的皮肤像削了皮的瓜,呈青绿色,而他的嘴则像鸟喙一般突出,声音十分沙哑。审察案情时,他面色如铁,一脸戾气,让人见了心惊胆寒——据说这也是至诚的象征,能够威慑罪恶之人的心神。

舜受禅后,有一些部落不遵从华夏部落联盟的领导而肆意妄为，更有一些人为了一己私利烧杀抢掠。舜早就听说了明辨是非、公正无私的皋陶，于是就任命他掌管刑罚，官职为"大理"，后世的"大理寺"也因此而来。舜要求皋陶将刑罚规范化，以"法"来震慑为鬼为蜮的恶人。另外，办理案件要有理有据，用刑要恰如其分，让恶人也心服口服。

皋陶能判冤决狱，赏罚分明，还因为身边有一只灵兽獬豸，其首似山羊，又似麒麟，却只有一只角。獬豸有熊的体型，羊的犟劲，犬的忠诚，灵气十足。虽然獬豸外貌狰狞，但它通人性，知人言，明是非曲直，识善恶忠奸，有确认罪犯的本领。每当皋陶为案件徘徊不定、忧心伤神时，就派獬豸出面判决。

当獬豸发现奸佞的官员，就用锐利的犄角把他撞倒在地，然后大口吞下肚子；当人们发生冲突或纠纷的时候，獬豸就用犄角指向无理的一方，甚至会用角抵死罪大恶极之人。从此，那些宵小之辈、犯案恶徒只要听到皋陶和獬豸的大名就胆战心惊，民间也流传着"皋陶为大理，天下无冤屈"的佳话。獬豸助皋陶断案，皋陶对这只替他效劳的神羊也十分敬重，将它视若神明，饮食起居都悉心伺候。由此，也就有了"皋陶敬羊"的典故，明辨忠奸、嫉恶如仇的獬豸也就成了"公平正义"的象征。

皋陶铁面无私，执法如山，经常带着他的神兽獬豸在民间走动，为百姓审案、断案，深受人们爱戴。

据说，有一次，他又带着獬豸到集市上巡察。走在路上，他隐约听见远处传来了喧嚷声，便加快脚步想一探究竟。只见一个中年妇人披头散发、仪容不整，狼狈地躺在杂乱不堪的货物旁，另一边站着一个恶徒无赖，口吐狂言，指着妇人谩骂不止。

皋陶见状，跑上前去，大声怒吼制止了无赖。无赖被吓得愣住了,他早就听说过这个相貌古怪的大理和他的神兽十分厉害,没想到今天让自己撞上了。无赖一下子跪在地上,磕头求饶:"大人,是我错了,您饶了我吧。"

皋陶走上前去,扶起了倒在地上的妇人。那无赖仍跪在地上磕头,口中求饶认错不断。皋陶满脸威严,义正辞严地说:"你若保证以后再也不做恶霸,不欺负百姓,注意自己的言行举止,我便饶你一命。"

无赖听了,连忙磕了三个响头,说道:"我保证,我再也不做恶事了!"说完,微微抬头瞄了一眼獬豸。只见獬豸身子半蹲,爪子用力抓住地面,咧着嘴巴,露出尖利的牙齿,怒目而视。无赖一时间面如土色,身如抖筛。皋陶见状,拍了拍旁边怒目圆睁的獬豸,问道:"该如何惩罚他?"只见獬豸用蹄子在地上踏出一个圆圈,皋陶朗声笑道:"嘀嘀,好啊,那你就在这圆圈里跪上三天三夜吧,这就是你的监狱。"

无赖只得遵从皋陶所说,蹲在"监狱"中不敢挪步。等皋陶一走,他便立刻跑了出去。谁知没走多远,就见獬豸金刚怒目,正一步步朝他走来,吓得无赖三步并作两步,飞一般地跑回圈中,就这样在圆圈里跪了三天三夜。

从那以后,这个无赖痛改前非,重新做人,再也没有干过一件坏事。"皋陶造狱,画地为牢"的传说也就作为一段司法佳话流传下来。

说到"狱"字,它本来的意思是审清是非,待证据确凿了再用两条狗将犯人监视起来,后来人们将"狱"字加上了方框,将犯人关押在四周筑起的高墙之内看管,才是监狱。造狱的皋陶也因此被尊称为"狱神",被一直供奉在监狱里。

此后，无论是狱官上任，还是犯人入狱，第一件事就是参拜狱神皋陶。犯人出狱或者行刑前也要参拜狱神，为的是求狱神保佑自己以后不要再犯案入狱，或是请求狱神不要让今世死囚的"晦气"沾染到投胎之后的自己。就连官衙中也常供奉皋陶像、獬豸图，以表明辨是非、执法公正之意。

皋陶辅佐舜时，将以德治国的观念融入到司法活动中，用刑罚来推动道德教化。皋陶认为不能为了刑罚而刑罚，因为刑罚的最终目的是为了避免刑罚，制止罪犯重蹈覆辙，劝诫人们无论思想还是言行都要合乎礼法，符合道德规范，这样人人遵守本分，社会才会和谐，才能实现无犯罪的大同社会。

皋陶处理案件公正无私，对人民宽容大度，刑罚不株连子女，奖赏惠及后代，从不滥杀无辜，执法也一丝不苟，为此他深受人民爱戴。皋陶生前制定的《狱典》也成为神州第一部刑律，其中用"法治"辅以"德治"的思想，使"仁德"的思想种子得以播种。

"不以一己之利为利，而使天下受其利；不以一己之害为害，而使天下释其害"，皋陶大公无私、尽忠职守的品格一直影响着后世之人。唐朝皮日休也曾赞皋陶："德齐于舜、禹，道超乎稷、启。"刚直公正，作为我国司法之鼻祖，皋陶的贡献和影响不会随时间的流逝而消失，反会随着法治时代的来临而提升。

洪小燕

2 安贫乐道

——颜回篇

善哉圣哲叹颜回，学子文风荜路开。
陋巷箪瓢含至味，千秋教化此中来。

（浙江　陈文林）

一次，孔子和弟子们在周游列国的途中，因为没有粮食而挨饿多日。这一天，孔子的弟子颜回出去讨要一些米回来煮饭。在快要煮熟时，孔子发现颜回居然偷偷用手抓锅里的饭，塞在嘴里吃了下去。等到饭熟了，颜回请孔子前去食用，孔子假装无意地说道："刚刚我梦到了我的先人，倘若饭是干净的，我之后就用它来祭奠。"颜回一听，马上恭敬地回答："老师不可。刚刚煮饭的时候，有炭灰飘进了锅里，弄脏了米饭。弟子觉得直接丢弃又很可惜，就抓出来吃了。"孔子恍然大悟，因此感叹，要了解一个人着实不易，自己的眼睛所看到的也不能直接信以为实啊！

这段故事记载于《吕氏春秋》。故事中诚实敦厚的颜回，字子渊，后人尊称颜子，曾随孔子周游列国。虽然在《论语》里对颜回着墨不多，但他却是孔子最喜爱的弟子，也是受孔子夸奖最多的弟子。

颜回十三岁时就拜孔子为师，随后一直跟在孔子身边学习。当时的孔子已聚徒讲学达十三年之久，其声望也早已远扬于诸侯各国。孔子早年间所收的弟子，如子路、南宫敬叔等在鲁国都已经有了一定的名气。而刚刚入学的颜回,在孔子的众弟子中年龄最小,且性格内向、忠厚憨实、寡言少语,但在学习上却十分勤奋刻苦,专心致志,常常废寝忘食,经由师兄弟提醒,才记得去吃点东西。颜回的身体不是很好,孔子也因此常常劝他:"颜回啊,学习固然是好事,但也要注意身体啊。"颜回也是笑笑回答:"多谢夫子关心,我知道了。"可是他还是经常学习起来什么都顾不上了。

不光如此,颜回还是一个善于思考的人,对于孔子提出的问题他常常能够举一反三,悟性很高。但上课时他却沉默寡言,这一开始还引起了孔子的一些误会和抱怨:"颜回啊,每次我给你们上完课,为什么你从来都不提出相反的意见呢?"

颜回拱手道:"我觉得夫子说的很有道理,自然也就没有什么不同的意见了。"孔子一听,更是不满:"颜回啊,不能光是听从老师教导,也要有自己的想法啊。"

颜回点头,恭敬地答道:"夫子说得对,颜回受教了。"孔子继续说道:"我希望的学习,是大家在一起互动讨论,多提出问题,提出自己的想法。"颜回行礼道:"弟子明白。"孔子看着颜回,很是无奈,转身就走了。

所以刚开始,孔子以为颜回就是这样一个笨头笨脑的傻学生,只会学习,不懂思考。可是随着时间的推移,孔子才发现自己的想法是多么错误。

一次,在一个春暖花开的下午,弟子们围坐在孔子的身边,伴着琴音和花香,听着孔子谈论治国理想、个人抱负。突然,琴声停住,孔子问道:"你们都是如何交友的呢?"子路迫不及待地大声回答:"别人待我好,我就待别人好;若是别人待我不好,我也会同等对待他。"随后子贡也回答道:"人家对我好,我也会同等回报他,人家若是待我不好,我会引导他怎么正确对待一个人。"颜回一言不发,只坐在一旁笑着听师兄弟们发言。见夫子示意,他才不紧不慢地说:"别人对我好,我会对别人好;别人对我不好,我也会对别人好。"孔子听完,既赞叹颜回的胸怀,也满意他的勤思善学,说他能够将"仁""善"的思想发挥到生活中。

后来随着教学的深入,孔子也有了更深的感悟:"我给颜回上了一整天的课,他没有提出任何不同的意见,好像很愚笨的样子。但我事后考察他私下的言行,发现颜回完全能理解并发挥我的学说——颜回并不愚笨啊!"

传说当时,对于孔子给颜回的盛赞,颜回的同窗好友们并不服气,他们想找个机会考验颜回。一天,他们在颜回回家的必经之路上偷偷放了一锭金子,随后躲在一旁观察颜回如何处置。颜回路过时果然发现了这锭沉甸甸的金子,翻过来一看,只见上面写着"天赐颜回一锭金"。他笑着摇摇头,转而在后补写"外财不富命穷人",随后便放回原处,头也不回地阔步走开。同窗们也因此由衷地钦佩颜回。

当然,求学之路并不轻松,对于生活拮据的颜回来说更是艰辛。颜回的家庭条件并不优越,生活十分清苦。要是遇上哪一年收成不好,原本就贫穷的生活便更是雪上加霜。

因此颜回也会帮忙分担一些家事,每天奔波于家与学堂之间。家庭富裕的学生在听完孔子的教导后,便去学习一些其他的技艺,但是每次颜回都缺席,这让他们非常不满。一次下课后,颜回像往常一样又要走,师兄弟们急忙拽住他说:"颜回,这次你可不能再走了。之前每次你都缺席,这样是不对的。今天就留下来和我们一起练习射箭吧!"

颜回略带歉意地答道:"师兄弟们,真的很对不住,我今天还有其他事情要做,实在是没有时间,还是你们去吧。"说着就起身要走。

见颜回如此坚持,众人无法,只得让他离开。但是他们心里却有很多疑惑:"老师经常夸赞颜回,不会是他有什么独特的修持方法,故意避开我们吧。""说得也对,不如我们一起去看看颜回到底在做什么。"

于是他们就悄悄跟过去,却看见颜回忙着出入于市井之中,帮工挣钱贴补家用。虽然颜回最后拿到的工钱也只够买一篮子米饭,但他却面带笑容回到简陋的家,开开心心地和家人坐在一起吃饭。

这样的场景,让同学们很惭愧。第二天再见面的时候,他们迫不及待地问颜回:"颜回啊,为什么你每天生活这么辛苦,还会那样刻苦用功学习,而我们却从来没有听过你有一点抱怨呢?"颜回笑笑,摇摇头说:"我只是以学为乐,把学习当作是一件快乐的事,就不觉得苦罢了。"

同学们听罢,对颜回更加敬佩,便把这件事告诉了他们的老师孔子。后来在一个午后,孔子在和弟子们闲聊的时候,很是关心地问道:"颜回啊,你家里穷,房子也小,为什么不求个一官半职呢?"颜回则回答说:"学生家里有些薄田,虽然收入不多,但吃穿已经够了。只要能学到老师的道德和学问,又何必出去做官呢?"孔子听了,感慨万分:"好啊!我听说'知足的人,不以利禄自累;自得其乐的人,损失而不忧惧;进行内心修养的人,没有官位而不惭愧'。我诵读这些话已经很久了，现在在你的身上才看到它，这是我的心得啊！颜回啊，你是我们的榜样啊！"

"草色人心相与闲，是非名利有无间"，日后孔子在教育其他弟子时，也会对学生们说："大禹处在平安的社会，为了治水，三过家门而不入，我认为他很贤德。颜回处在一个乱世，吃的是一小筐饭，喝的是一瓢水，住在那么简陋的小巷子里，别人忍受不了，他却十分乐观。我认为他也是一个贤德的人！"以至于后人对颜回最深的印象便是"一箪食，一瓢饮，在陋巷，人不堪其忧，回也不改其乐"。

子曰："君子食无求饱，居无求安，敏于事而慎于言，就有道而正焉，可谓好学也已。"颜回正是这样一个不致力于饮食及居住环境上的追求，而是勤勉做事、刻苦求道的好学之人。安贫乐道，在箪食瓢饮中不改其乐，如此作为，称得上君子贤人。

蔡小萌

3 窃符救赵

——信陵君篇

三千门客寻香至，义救邻邦胆气冲。
仁侠赢来雄士聚，皓风长在笑谈中。

（山东 石继勇）

汉高祖刘邦称帝后，每次路过大梁，都会去祭拜一个人。他甚至还特地安排了五户人家，为此人看守陵墓，并让他们四时祭祀。此人究竟是谁，有什么地方值得一代帝王为他费心费力？

他就是我们故事的主人公，生逢乱世的翩翩公子——魏无忌。

魏无忌是魏昭王的小儿子。因其被封于信陵，后世皆称他为信陵君，还把他和春申君黄歇、孟尝君田文、平原君赵胜并称为"战国四君子"。

战国时代，群雄割据，战乱频发。各国诸侯贵族往往招徕、供养一些身有一技之长的"士"作为储备人才，在关键的时候为国效力。魏无忌也不例外，号称有门客三千。不过他"养士"和别人有点不同，他并不关注士人的出身地位，而是看重他们的真实才干。有人说，正是因为信陵君知人善任，才把秦国统一六国之事推迟了二十年之久。

魏国有个隐士名叫侯嬴，已年过七十，在都城大梁的东门做着不起眼的看门小吏。魏无忌听说此人谋略过人，就立刻前去拜访,还随身带着一份厚礼以示诚意。谁知侯嬴不肯接受礼物,魏无忌也没说什么。

回府后,魏公子大摆酒席,宴饮宾客。等众人来齐之后,魏公子就亲自驾着车马,到东门迎接侯生。侯嬴没有推辞,登上马车,他对公子说:"我有点急事要去见一个朋友,他叫朱亥,就住在集市的屠宰场,能麻烦您驾车送我过去吗?"公子笑着答应了。来到集市,侯生下车去见朱亥,和他东拉西扯了很长时间。眼看太阳西沉,公子的从人都有点着急了,府里的王公贵族都在盼着公子回去,这侯嬴实在过分,竟然让堂堂王子等他一个看门小吏!但是公子坐在车上,没有一丝不悦之色。

过了很久,侯嬴才告别朱亥回到车上。到了公子府,公子请侯生坐到上席,向全体宾客恭敬地介绍了他。不仅如此,还举杯向侯生敬酒,满堂宾客无不惊奇诧异。侯生对公子说:"今天是我故意为难公子的。我不过是个看门人,公子能亲自驾车迎接我,已经是我的荣幸了。按理说,我不该再去拜访朋友。可我想成就公子的名声,如今,大家都知道公子礼贤下士、品性高尚了!"宴会散后,侯嬴就成了魏无忌的门客。

然而好景不长,秦国大军围住了赵国都城邯郸,形势危急。

赵国的平原君赵胜多次派人送信给魏王请求救援。但是魏王担心引火烧身,推三阻四,就是不愿出兵。魏无忌在一旁劝谏魏王道:"魏赵两国唇齿相依,一旦赵国亡了,魏国被灭不过是早晚的事情。"

听到这话,魏王才勉强同意派将军晋鄙统兵十万前往支援。不过,魏军行至边境,就不再前进了。

赵胜是魏无忌的姐夫。他听闻消息,急忙派人送信给魏无忌，责备他说："无忌啊无忌，枉我对你如此敬佩。赵国现在形势紧迫，你姐姐如今身在赵国，也整日担心邯郸城的安危，常常以泪洗面。公子品性高洁，即便看不上我赵胜不愿相助，难道都不肯怜惜你的姐姐吗？"

魏无忌读完信，心想：赵国灭亡，魏国势不能独存，兹事体大，自己断不可袖手旁观。可是魏王害怕秦国，始终不肯听从他的主张。魏无忌几次前往王宫进谏，都是无功而返。

万般无奈之下，魏无忌召来门客，对他们说："大王不愿意出兵，可让我站在一旁看着赵国灭亡，于情于理，我都做不到。我打算前往赵国救援，愿与我同行的，且随我去，不愿的也不强求。"门客们纷纷响应，都愿随他出征。

大队人马经过东门，魏无忌见到了侯嬴，就把自己的想法告诉了他。

谁知侯生只是淡淡地说道："公子保重啊，我年纪大了，就不一同前去了。"公子知道此去凶多吉少，满心以为侯生能有好法子提出来，可没想到只有这么一句话，不由得大为失望。

行在路上，他越想越奇怪，不由得喃喃说道："我对待侯生可以算很周到了。如今我就要去赴死，他竟无一言半语为我谋划，也不阻我前行。这是怎么回事？"侯生当然不会是忘恩负义之人，肯定有什么隐情，这样想着，公子又乘车返回。

侯生正站在原地。见公子回来，他鞠了一躬，笑道："我知道公子定会回来，所以在此等候。"公子正要问他，侯生又接着说："恕臣直言，公子迎战秦军，就好比拿鸡蛋往石头上磕，实属下策！"公子一听，便问他有何妙计。

侯生摇头道："谈不上什么好计谋，只是赵国情况危急，容不得犹豫。将军晋鄙早已率军十万，前往支援，只是大王迫于强秦压力不愿下令进军。如今之计，只有盗出兵符，夺了军权，公子才能救得了赵国。"

魏公子思虑片刻，问道："那兵符要如何盗出？"

"我听闻那兵符就放在大王的卧室里。"侯生看了一眼公子，继续说道："如姬是魏王宠妃，只要她愿意，是可以成功的。当年如姬的父亲被人杀害，她求了大王整整三年都没能如愿报仇，还是公子派门客替她斩杀了仇人。如姬是个懂得报恩的人，只是苦于没有机会。若是公子开口请她帮忙，她必定会答应。待她取出兵符，再夺了晋鄙的军权，如此，抗秦救赵，方可成功。"听了侯生一席话，公子如梦初醒。他激动地向侯生拜了两拜，连忙回府派亲信入宫求见如姬。

不出侯生所料，如姬果然盗出兵符。

拿到了兵符，侯生又对公子说："将军晋鄙忠心耿耿，就算公子手握兵符，他也不会轻易把兵权交给您。就让我那朋友朱亥随您去吧。如果晋鄙顺从公子，那是再好不过了；要是他推三阻四，就让朱亥对付他。"

公子于是带着朱亥来到魏军大营。

见到晋鄙，魏公子拿出兵符，假装奉了魏王的命令，说："将军带兵作战，着实辛苦，大王特让我来接替你的军务。"

但熟知魏王秉性的晋鄙很是怀疑，他对魏公子说："我奉命率十万大军驻扎边境。移交兵权，事关国家命运，请公子恕臣先奏请魏王，方敢交接。"

"晋鄙是员猛将，可惜……"魏公子心中哀悯，却还是下了狠心。他对朱亥使了个眼色，朱亥意会，迅速从袖中抽出铁椎，一下砸死了晋鄙。

　　魏公子顺利接管魏军。他随即下令："父子都在军中的，父亲回家；兄弟同在军中的，长兄回家；没有兄弟的独生子，也可以回家奉养双亲。"经过挑选，得精兵八万。

　　大军奔赴战场，秦军退走，邯郸得救。

　　有人说，信陵君盗符杀将之举，着实不光彩。但不可否认的是，他的举动保住了赵国，也维护了魏国的利益。他将个人生死置之度外，而把国家大义放在心头，这样的人，又怎能不让人钦佩？就连李白也曾写诗赞道："大梁贵公子，气盖苍梧云。……救赵复存魏，英威天下闻。"

　　以友辅仁，信陵君通过结交的朋友帮助自己培养仁德，急人之难，为国尽力。他是王族子弟，却从不自认为高人一等，礼贤下士，门客三千，足以证明他是一个极富人格魅力的人。因为他，赵国得以保全；也因为他，战国的历史变得异常精彩。

周丽阳

4 千古一相

——管仲篇

惊世隽才推管仲，兴齐霸业展豪雄。
经天纬地扶轮手，竹帛千秋说相星。

（北京 王庆新）

一年春天，齐桓公率军出征作战，等到胜利归来时已是冬天，草木早已不再是去时的景象，大军在一个山谷里转来转去，最后迷了路。时间一长，众人随时会被困死在这里。随行的相国管仲思索良久，在看到一匹马后灵机一动，立即对齐桓公说："大王，既然狗离家很远都能寻回家去，那么军中的马自然也会有认识路途的本领。尤其是老马，可以利用它在前面领路，带领大军走出山谷。"齐桓公听罢，立即下令让人牵出几匹老马，随后解开马缰，让它们在大军的最前面自由行走。果然，这些老马都毫不犹豫地朝一个方向行进，大军就紧跟着它们，最终走出了山谷，找到了回齐国的大路。这就是"老马识途"故事的由来。

故事中的相国管仲，名夷吾，又名敬仲，字仲。管仲作为齐国国相，全心全意辅佐齐桓公，助他成为春秋第一霸主。管仲因改革过程中做出的重要贡献，获得了"圣人之师"和"华夏第一相"等美誉，被后人誉为"千古一相"。

然而，在管仲初任相国之时，并未得到实权。与齐桓公注重大力发展军事争霸天下的主张不同，管仲更关注民生。他认为只有先让国家和人民富起来，才能真正实现兵强马壮，称霸一方。面对急于求胜的齐桓公，深谋远虑的管仲不止一次苦口婆心地劝谏，可齐桓公我行我素，仍多次发动了攻打宋国和鲁国的战争。

有一次在朝堂，齐桓公对众臣说："我们攻打宋国之时，作为邻国的鲁国曾出兵援助宋国来反对我们。如今我们兵强马壮，这次出兵定要报仇雪恨。"管仲站出来，强烈反对："主公，频繁用兵，劳民伤财，不利于国家安定、百姓安居。您千万不要记恨小辱，重复犯错啊！"齐桓公听后很生气，丝毫不把管仲的劝谏放在心上，一意孤行，坚持出兵。不出管仲所料，齐军又一次中计，损失惨重。这一切管仲都看在眼里，虽然无奈，但他还在思虑着如何劝谏国君，提出切实可行的谏言。

终于，在经历多次挫败后，齐桓公迷途知返，认真考虑后接受了管仲的劝谏，开始注重休养生息，发展经济，让百姓过上好日子。

后来，北方的山戎袭击了处在中原边缘的邢国，没过多久邢国都城也被捣毁了。这时管仲立马向齐桓公提出了他的看法：山戎行事毫无道理，而中原的各诸侯国毕竟都属于一个圈子，本为一家，不能弃之不顾。齐桓公深以为然，于是管仲建议："不如打出'尊王攘夷'的旗帜，借助周王和众诸侯国之力携手出兵击退山戎。如此一来有利于树立齐国在各诸侯国的地位，二来也有利于维护天下的安定。您看如何？"齐桓公拍手赞叹，随即开始调兵遣将。

之后，中原诸国在齐王"尊王攘夷"口号的号召下，成功击退了山戎的入侵，阻止了南方楚国的北进，并将其纳入中原诸侯的会盟中。后来，管仲靠着敢为天下先的精神以及非凡创新的能力推行改革，使齐国变得国富军强，人民安居乐业。随之齐桓公也实现了一匡天下、争霸诸侯的愿望。

齐桓公成为春秋时期第一位霸主后，对管仲的才能愈发信任，并且尊管仲为仲父，凡遇大小事，必与之商讨，征求过管仲的意见后才会实行。

有一次，两人把酒言欢，齐桓公说："寡人曾听闻，仲父与鲍叔牙鲍太傅情同手足，后又一起经商、从军，情谊非同一般。鲍太傅是寡人之师，而您为相国，都是寡人的股肱之臣。若寡人拜鲍叔牙为亚相，你们二人共同辅佐寡人，您看如何？"

管仲举起酒杯说："没错，鲍叔牙乃主公之师，天下无人不晓鲍叔牙与主公恩缘，我与鲍叔牙的情谊确实深厚。"齐桓公又特意问道："那在仲父心中，鲍太傅是个怎样的人？"管仲笑了笑说："鲍太傅是臣的至交，论仁和宽厚，臣自愧弗如。他是功臣，也是齐国人学习的楷模，只是他志存高远，不在官位。"

齐桓公不住地点头道："所言极是，那仲父是否有过荐太傅为相的想法呢？"管仲认真地答道："倘若于私，臣自然愿意让挚友登相位。但是于公，依据臣对鲍叔牙性格的了解，为了国家长治久安和百姓安居乐业，他并不适合出任相位啊！"齐桓公直起身子，感叹道："管鲍之交，寡人今日再次领略了。相国一心为国为民，大公无私的精神着实令人佩服。"

管仲晚年病危，朝中大事很难找人接替，齐桓公再次请教管仲，如今可否把相位托付于鲍叔牙。管仲语重心长地回答："主公，我认为不可。我深知鲍叔牙的为人，他清正廉洁，看待不如自己的人，都不屑与之为伍。偶尔听闻别人的过失，便终生不忘。我这位好友，虽是君子，却不适合相位。"见齐桓公茫然无措,管仲便推荐了隰朋,说道:"隰朋为人眼光远大而又能虚心下问,国事家事分得清轻重主次,拥有大仁大德,是个能够使国家长治久安的人。"齐桓公听从了管仲的建议。

有人听说了这件事后,便故意去挑拨鲍叔牙,说管仲制止齐桓公任他为相。鲍叔牙听后反而问他:"你可知当年押解管仲时发生的一件事?"那人摇了摇头。

鲍叔牙笑着讲述:"记得管仲曾为了辅佐公子纠登上王位,想一箭射杀当今主公。结果箭偏几分,主公不仅逃过一劫,还顺利即位,管仲因此沦为阶下囚。当时,管仲在被押往齐国的途中,其他人都没给他好脸色看,只有一个官吏看出了他气宇不凡,认为他日后必定有所作为,所以额外予他吃食。之后还偷偷问他,如果以后他被重用了,应该要如何报答恩情。管仲却面不改色地回答,如果自己被重用,会任用贤能之人,如果有功定会对其进行奖赏。官吏对他有恩,自己定会心存感激,日后择机报答,但绝不会公私不分,予以特殊待遇。"

见那人一脸疑惑,鲍叔牙接着解释道:"而现在,管仲推荐隰朋为相,说明他是为社稷宗庙考虑,不存在私心来偏爱友人。否则,要是我真的做了国相,哪里还会有你们这种人的容身之地呢?"这人听后觉得有些自讨没趣,于是灰溜溜地走了。

由此可见,在管仲眼里只有贤人、能人,而并不是只有与他最亲最近的人。不论是身处逆境面对官吏的提问,还是面对曾对自己有知遇之恩的好友,管仲都不失君子本色,公私分明,坚守唯贤是举、唯才是用的原则。

管仲用自己的文韬武略辅佐君主,用强有力的改革措施让齐国人民过上了好日子。"君子以德",作为相国,他做到了宽和为政,施惠于民;忠诚待人,高德处世;制定礼仪,天下效法。管仲为国为民鞠躬尽瘁、死而后已的精神令人肃然起敬,相星虽陨,其英容德行仍会彪炳史册。

李佳丽

5 割股奉君

——介子推篇

不为封侯不为名,绵山隐处度余生。
举身浴火融杨柳,一地昏尘我独清。

(浙江 郑育权)

在中国民间,清明节前一二日,就是所谓的"寒食节"。人们在这一天禁烟火,只吃冷食。后来又逐渐增添了祭扫、踏青、秋千、蹴鞠、牵钩、斗鸡等风俗。寒食节习俗延续了两千多年,被称为中国民间第一大祭日,这也是传统节日中唯一以饮食习俗来命名的节日。

相传,寒食节的由来与本篇故事的主人公——介子推有关。他是春秋时期晋国人,死后葬于介休绵山,后人尊称其为介子。而他最为后人所称道的,便是"割股奉君"和隐居"不言禄"的壮举。

春秋时期,晋献公宠幸妃子骊姬,打算废掉太子,改立她的儿子为太子。为了除去后患,骊姬设计杀害了原太子,而晋献公的另外两个儿子夷吾和重耳也成了她的眼中钉。为了保全性命,二人便开始了逃亡生活。

几年后,夷吾回国接替了王位。这时,他认为重耳的存在是个威胁,于是派人追杀重耳。

重耳不得不再次逃亡。半途中,一个随从觉得主公前途无望,就趁人不注意,偷光了粮食,自己逃走了。没有了食物,众人只得风餐露宿,忍饥挨饿。可这群出身尊贵的公子大臣们哪里受得了这样的苦楚?没多久,重耳的身体就熬不住了,他昏迷了过去。

众人无计可施。随行的介子推拿起一把刀,和其他人说要去山上打猎。其实介子推心里明白,打猎哪有那么容易。何况他也饿了好几天,身体虚脱,走路都摇摇晃晃,更别说和禽兽周旋打斗了。

他独自一人默默地走进了山林里,花费很长时间,终于找到了一些野菜。环顾四周,见没有人,介子推撸起自己的裤脚,露出大腿,他咬着牙、狠下心,拿起刀在自己的腿上割了一块肉下来。然后,他将伤口草草地处理了一下,把裤脚放下来遮盖住伤口,叹了一口气,一瘸一拐地走出了山林。

回到营地后,介子推将野菜和从自己腿上割下来的肉一起煮成汤,呈给重耳。重耳端起肉汤,很是诧异,询问道:"我们现在已经没有粮食了,你这个肉是从哪里来的呢?"介子推回答说:"这是我在山上打猎偶然得到的,还很新鲜,公子快快吃了吧。"

强烈的饥饿感冲淡了重耳的困惑,他狼吞虎咽地吃下了这碗喷香难得的"肉汤"。

后来重耳才知道,这碗肉汤里的肉,竟然是介子推的大腿肉!他心里十分感动,对介子推说:"没想到你如此忠义,可惜我现在一无所有,也没有什么能够给你的。但是日后如果我做了国君,一定会好好地报答你。"介子推跪答道:"这是臣应该做的,公子不用把它放在心上。"

在秦穆公的帮助下,重耳回到了晋国,当上了国君,这就是历史上有名的晋文公。

为了报答多年来一直追随自己的忠臣义士，重耳开始论功行赏。然而他遍赏众人，却唯独忘了那个自己曾经说过要好好报答的介子推。

有人对介子推说："之前你们山穷水尽之时，你忍饥受饿，还将自己的肉割下来侍奉主公。主公许诺要好好报答你，然而现在论功行赏之时，却将你遗忘得一干二净。你的心中没有怨恨吗？"

介子推摆摆手，回答道："主公能够返回晋国，完全是上天的意思，也是主公自己的命运，跟我又有什么关系呢？我割下一块肉给主公，只是尽臣子的本分，并不是因为我知道主公日后能成大业，为了将来能得到那些荣华富贵。"

那人很惊讶，追问道："那些人在朝堂上接受了主公诸多的赏赐，难道你没有半点羡慕的意思吗？"

介子推郑重地说："他们有什么值得我羡慕的？这些人巧言令色，因为想要得到赏赐，就把上天的功劳都归于自己。这就好像偷盗别人财物的窃贼一样，我为什么要羡慕一群窃贼呢？"

朝堂上邀功请赏之风盛行。那些跟随晋文公逃亡的臣下、随从，大都受到了恩赐，要么官居高位，要么钱财万贯。而有些并未跟随逃亡的人，竟然也来讨要赏赐。见风气如此不堪，介子推实在不愿同流合污，就离开了朝堂，去了绵山，成了一名不食君禄的隐士。

有人对此事不平，就写诗讥讽。很快，这些诗就传到了晋文公的耳朵里。这时，他才想起了那位忠心耿耿的臣子，想起了逃亡路上介子推割股救命之恩。晋文公找人询问，才知道介子推已经归隐。他十分惭愧,便亲自带领人马前往绵山寻访介子推。

等来到绵山,才发现绵山蜿蜒数十里,重峦叠嶂,谷深林密,想要找一个人,实在比登天还难。晋文公派人从山的这头找到山的那头,再从那头寻至这头,耗费数日,却连介子推的影子都没找到。

这该怎么办呢?晋文公有点着急了。

这时候,一个大臣凑到晋文公身边,说道:"主公,看来介子推是躲在深山中不肯出来了。不如我们放火烧山,三面点火,留一面当作出口。介子推看到山中起了大火,必然得逃出来。我们只需在那出口处等着便可。"

众人都觉得这办法可行。这样既可以把介子推"请"出来,又能节省时间。于是,晋文公命令手下三面烧山。一场大火烧了三天三夜,火势绵延不绝,花草树木都被焚烧干净。可是一直到大火熄灭,介子推也没有出来。

众人无奈,只得再次进山搜寻,终于在一棵枯柳树下发现了介子推的尸骨。手下人搬动遗体,发现介子推身体后面有一个树洞,里面好像藏有什么东西。掏出一看,原来是片衣襟,上面题了一首血诗,诗中有这样一句:"割肉奉君尽丹心,但愿主公常清明。"

晋文公看着这首诗,想到当年生死存亡之际,介子推尚且割肉奉养、不求回报,如今面对山林烈火,仍誓死不出,只留下血诗劝谏自己分辨忠奸、清正廉明。自己身为国君,不仅不能赏罚分明、及时报恩,甚至还意外烧死了自己的恩人。一时间,他悲痛万分,在介子推的尸体前哭拜了许久。

为了寄托哀思,晋文公规定,介子推死难这一天全国禁火,从他开始所有人只吃瓜果点心一类的冷食。这就是"寒食节"的来历。

　　《论语》中写道："君子喻于义，小人喻于利。"介子推在遭受贫贱困苦时割股奉君尽己忠义，在面临高官厚禄时弃官隐居表其清廉，面对生死抉择之时抱树不出、宁死不从，践行了他"不食其食"的高洁志向。"士甘焚死不公侯，满眼蓬蒿共一丘"，这种不慕名利、宁折不弯的言行，正体现了君子所追求的道义，是真正的君子作为。

赵新新

6　搜孤救孤

——程婴篇

亲儿命殒抵遗孤，大义何曾有所图？
自古仁心生死矣，报恩不惜舍微躯。

（浙江　夏增高）

　　正月初一，卧牛城里喜气洋洋。人们成群结队来到一片墓地前祭拜祈愿，采摘坟前的药草——据说这种药草能够医病驱邪、起死回生。采药的人络绎不绝，药材逐渐被采完，最后甚至连野草也被拔光了，有人就从墓地前挖土回家服用，据说同样也能治病。就这样年复一年，人们在春秋两季来到墓前采药、供奉，祈求平安康健。

　　尽管故事中包治百病的药草有待考证，但令我们好奇的是，究竟是一位什么样的人物会在逝世千百年后还能获得百姓的敬仰，他的墓前又为何会有这样的传说？这就是本篇故事的主人公——程婴。相传，程婴是春秋战国时期晋国的一名乡间医生，为晋卿赵朔的朋友。

　　春秋战国时期，晋国的赵氏一族因先辈辅佐君王有功而地位显赫，承袭爵位的赵朔还迎娶了王室的庄姬公主。晋景公即位后，朝中大夫屠岸贾颇得宠信，而赵朔的父亲赵盾直言敢谏、忠心耿耿，二人一直有矛盾。赵盾死后，屠岸贾便诬陷赵家意图弑君叛国，鼓动景公诛灭赵家。景公听之任之，屠岸贾便带领军队围攻赵朔的府邸，赵氏一族尽遭屠戮。

在这场灾难中，有孕不久的庄姬趁乱逃出，躲进了宫里，随后便产下一个男孩。屠岸贾听闻后，亲自带人搜捕。情急之下，庄姬把婴儿藏进裤子里面，才躲过了搜捕。

赵家的门客公孙杵臼得知后，赶快找程婴商量对策。二人坐在房中，相对无语，只听见程妻轻拍自己孩子的安抚声。

"咚"——一声锣响惊醒了沉默中的众人："三日之内，谁若收留赵氏孤儿不献，全国上下凡与孤儿一般大小者，杀无赦。"程婴妻倏然起身，紧抱孩子。程婴一手揽过妻子，不忍道："唉，看来这次忠良一门要断绝了。"

公孙杵臼紧皱眉头，突然问道："程兄，抚育孤儿与赴义共死，你觉着哪个更难？"程婴不明所以，答道："前者更难。"

公孙杵臼点点头："其实，我已经偷偷把孤儿转移出来了。现在我有一个救孤儿的办法，你可愿帮忙？"程婴立刻答道："我与赵朔大人结交，受过诸多恩惠。如今我苟活于世，就是为了有朝一日为赵家报仇雪恨。若能救孤儿一命，程婴定当尽心竭力，万死不辞。"

公孙杵臼长叹一声："想救孤儿只有一个办法——有人舍子，将假换真；有人舍命，让那老贼绝了疑心！我是赵家门客，寄食于赵家，我的职责就是在危难时为主家排忧解难。如今我老了，无力抚养孤儿，就让我承担这容易的事——让我先死去吧！"

程婴站起身道："这万万不可。再说，这子从何来呢？"

公孙杵臼如鲠在喉，欲言又止。程婴随着公孙的目光看向妻子怀中的孩子，惊诧无语。程妻突然明白了，她死死抱住孩子说："不，赵家有恩，理当报答。可这是我的孩子，他才刚满月……"

"夫人若不舍子,几天后,全城刚满月的婴孩俱会被那老贼杀害,难道您的孩子能幸免么?"程婴听言眉头紧锁。"不行!虎毒尚不食子,你怎么能这样害死你的亲生儿子?"程妻忙怀抱婴儿闪过一旁,"不如我们一家远走他国,等风头过了再回来。"说罢就要翻箱倒柜准备行装。

程婴悲戚地说:"夫人,就算我们能一走了之,可你怎忍心看这满城无辜婴儿惨遭屠戮?那赵氏孤儿一日不现身,国城便永无宁日。"程妻闻言痛苦不已,将婴儿放在床铺,自己伏在一旁,吞声哽咽,竟晕倒过去。

程婴抹去泪水,轻轻抱起婴儿交给公孙杵臼,两人商议定计,一夜无眠。

这一天,程婴找到屠岸贾的手下说:"谁能给我千金,我就告诉他赵氏孤儿的藏匿之处!"手下们十分欣喜,急忙押着程婴去见屠岸贾。

屠岸贾见到程婴,似笑非笑地问道:"听说你之前在为庄姬公主诊治,不知赵家待你如何?"程婴谦卑地答道:"赵家确实对我有恩,但赵氏弑君叛国,罪无可赦。而且,我的孩子也刚刚满月,自然不愿招惹祸灾。"

屠岸贾将程婴扶起又问:"吾等遍搜全城,不见孤儿,不知先生如何知其下落?"程婴镇定地说:"因我与公孙杵臼常常往来,前日他带一婴儿来我家中,故意试探我诛灭赵氏之事。我并未听闻他老来得子,又看到那婴儿的一块贴身锦帕,与我之前为庄姬诊治时见过的一样,因此我猜测那就是赵氏孤儿。"

屠岸贾听罢大笑,带着军队跟着程婴在都城外的一个山洞里找到了公孙杵臼和婴儿。

公孙杵臼见婴儿被抢走,屠岸贾身后又站着程婴,他破口大骂:"程婴你这无耻小人!赵大人待你不薄,你不思尽忠赴义,反而要残害忠良绝其后代!"说着就要扑向屠岸贾,喊道:"杀我可以,可这孩子是无辜的,请留他一条活命!"屠岸贾冷哼一声,一手拔刀砍倒公孙杵臼,一手将婴儿高举过顶,重重抛下。公孙杵臼大骂"奸贼",倒卧在地。

程婴望着自己孩子的尸体和死不瞑目的老友,"欲死不能得,欲生无一可",仍强撑精神,伏身道贺:"恭喜大人为国除去大患!"屠岸贾狞笑道:"这次搜捕,先生功不可没,不知你想要什么赏赐?"程婴答道:"能为大人分忧,实属草民之幸,不敢奢求他物。只是赵家羽翼众多,我怕遭暗算报复,只想和一家老小在这山中避世。"屠岸贾抚掌而笑说:"好,我回头命人取千金交予先生,保你衣食无忧。"程婴闻言,称谢不已。

之后,程婴带着妻子和赵家孤儿赵武来到深山隐居起来。他将赵武视若己出,教他攻文习剑,知书明理。

一天,赵武打猎归来,闷闷不乐。程婴询问道:"怎么愁眉不展?"赵武看着两鬓斑白的父亲,支吾道:"孩儿在外与人发生了口角。"

程婴平静地问:"因何事争执?"赵武说:"我遇见其他村的几个青年,我说我是程婴之子,他们却骂您忘恩负义、丧尽天良。我听他们这样污蔑您,就和他们争执起来……"

程婴看着面前器宇轩昂的少年,若有所思。赵武正欲追问,程婴又说:"孩子,为父想说个故事给你听。"程婴让妻儿坐下,然后将当年之事复述了一遍。

听罢,赵武呆坐一旁,震惊无语。他看着多年来被世人唾骂耻笑却忍辱负重的"父亲",心酸愤怒难以忍受,跪倒在地,重重叩首。程婴扶起赵武,说:"孩子,你是将门之后,要担起锄奸惩恶、光复赵氏的重任。"赵武连连点头称是。

后来,景公久病不愈,欲占卜吉凶。程婴找到曾深受赵家恩惠的将军韩厥,请他借占卜之名劝谏景公。韩厥就进谏景公说,邪病缠身是因为赵氏枉死的冤魂作祟,要想康复健全,就不能绝忠良后代。景公思及屠戮之事,心亦有悔,便问赵家可有后人在世。韩厥趁机提起赵氏孤儿一事,景公就让韩厥把赵武带进宫里。

赵武来到宫中。众大臣见赵氏孤儿仍在世,纷纷揭发说:"您有所不知,当年赵门冤案都是屠岸贾一手操纵。"屠岸贾这些年仗着朝中无人辖制,嚣张跋扈、残害忠良,众人皆是敢怒不敢言。如今景公想重新扶持赵家,正合臣民的心愿。景公见众臣俯首听命,随即让赵武、程婴带着将军们诛灭了屠岸贾的家族。

等到赵武满二十岁,行了冠礼,程婴将他唤到身前说:"当初,赵家人人都能随你父赴难,我却因为想扶立赵氏后代而苟活至今。现在奸贼已死,国君让你承袭赵家祖业,我心愿已了。"赵武闻听,不知所措。

程婴笑了笑,接着说:"当年公孙兄愿舍弃性命,就是因为他认为我能完成大事。如今我要是不去和他说说,他岂不是九泉之下难以瞑目?况且你父亲待我情谊深厚,这更是我应做的事。"说罢,便推开赵武,自刎于堂前。

赵武痛哭不止,把程婴和公孙杵臼安葬一起,号为"二义冢",自己服丧三年。消息传开,晋国上下无不感动,百姓也纷纷前来拜祭。

子曰:"志士仁人,无求生以害仁,有杀身以成仁。"这则故事记载于《左传》《史记》等书,千百年来广为流传。在许多民俗故事中,人们将程婴看作是救百病、济黎民的医神来供奉祭拜,是因为在他身上集中了人们自古以来所追求的忠、义、仁、信。

搜孤、救孤、扶孤,不仅仅是一个关于复仇的故事,更饱含以程婴、公孙杵臼为代表的豪情壮士的赤胆忠诚。他们关于生与死、荣与辱的选择,是一种崇高的"士为知己者死"的精神力量,是中国千百年来宝贵的君子之风。

汪斌

7 泽畔行吟

——屈原篇

一曲江流唱九歌,天边问处入诗波。
每逢端午家家念,千古相思寄汨罗。

(山东 胡春华)

又到了每年的农历五月初五,汨罗江边的百姓都聚集到一起。渔夫驾着小船行至江心,船上的人们神情肃穆地拿出饭团、鸡蛋等食物,以及驱虫驱邪的雄黄酒,将这些全部倒进江里,口中还念念有词:"鱼虾们,别吃屈大夫啊!这里有许多吃食,你们要吃就吃这些吧!老天,你要保佑屈大夫啊,别让他被蛟龙水兽伤害!"

屈原,名平,字原,是战国时期楚国诗人、政治家,中国历史上第一位伟大的爱国诗人,也是楚辞的创立者和代表性作者。

年轻时,屈原为了实现自己的抱负努力学习,以培养自己的能力。二十几岁时,他便担任了楚国的左徒一职。在朝堂上,他与楚怀王商议国家大事;在外交上,他负责接待来往于楚国的使臣,与各诸侯国交锋。当时,楚王十分信任他。

在担任左徒期间,屈原出使齐国,订立了齐楚联盟。当时,六国曾联合攻秦,由楚王统领全军。这次进攻虽然没有取得显著成果,但却提升了楚国在诸国之间的地位。在这样的情形下,屈原更加积极地将振兴楚国的大任担负起来,他为楚王前后奔走,引导楚王追上前代贤王的脚步。

然而,贤明的人总是招人妒忌的。楚国朝堂上,有一位上官大夫与屈原同列,他嫉妒楚王宠信才能出众的屈原,便想要设计陷害。

一次,楚王发现国家的许多法令已经过时,就让屈原重新拟订。经过多个日夜的查阅和修改,屈原终于将新法令的草稿拟订好了。上官大夫闻知后,想要知晓其中的内容,决定去探探屈原的口风。

于是,他急匆匆地赶到屈原的府邸。一进府,上官大夫就高声笑道:"屈大夫可是位大忙人啊!虽说在朝堂上经常得见,但私下里想要见上一面叙叙旧可是不容易得很哪!"屈原谦虚一笑,两人相互拱手见礼。

坐下后,上官大夫眼珠一转,笑着说道:"听说前些日子大王让你拟订新法令,不知进展如何?"屈原说:"自然拟好了。"上官大夫眼中精光一闪:"不知可否给我看看?"屈原道:"不可。"上官大夫怒道:"屈平!如果我非要看呢?"屈原坦然答道:"我只不过是秉承了大王的吩咐而已,还请上官大夫莫要见怪。"上官大夫闻言,腾地站起来,怒气冲冲地拂袖而去。

第二天一早,上官大夫就进宫觐见楚王。他眉头紧锁,语带不悦地说:"大王,屈大夫他太猖狂了!您叫他拟订法令这件事众人皆知,可是每一条法令公布,他总会夸大自己的功劳,说'除了我,别人是做不出来的',如此嚣张跋扈,这……"上官大夫瞟了眼楚王的脸色,嘴角一勾,识趣地不说话了。"砰"的一声,楚王怒拍桌子,脸色阴沉如水。

过了几天,楚王随便找了个理由取消了屈原左徒的职务,并开始疏远他。屈原心里十分委屈与愤怒，几次想找楚王辩解，但楚王却一直避而不见。一腔热血报国无门，谏君无路的愤懑积涌胸膛，屈原有感而发，作出了千古名篇《离骚》。诗中的"众女嫉余之蛾眉兮，谣诼谓余以善淫"，正是斥责了以上官大夫为代表的那些小人，同时也说明屈原当时处境之艰难。

而《离骚》以香草美人比喻君臣，表现了屈原宏大的政治抱负与爱国理想，并开创了中国文学史上的"骚体"诗歌形式，成为后人学习的典范。

以《离骚》为代表的诗歌创作是屈原一生中的重要组成部分，每当他心怀激愤时，总是通过辞赋来宣泄自己的不满，表达自己的忠君情怀。我们在辞赋中不仅感受到了屈原的喜怒哀乐，也感叹于他那为楚国不辞辛劳的一生。

这时的屈原虽已被撤职和疏远，但还是三闾大夫，负责教育楚国贵族子弟。他自我宽慰：大王虽然现在被小人迷惑疏远我了，可我还在尽心尽力，终有一天他会明白的。"沉舟侧畔千帆过，病树前头万木春"，所以他对这个工作十分尽心，把楚国的希望寄托在这些青年贵族身上，特别注意培养他们的高尚品质和爱国情操。可是，这些青年却整日饮酒作乐，不思进取。屈原不禁哀叹道："这些青年都如此华而不实，楚国危矣！"

不久，秦昭王假称想与楚国联姻，邀请楚王去秦国会面，楚王蠢蠢欲动。屈原得知后，上殿苦口婆心地劝阻道："秦国虎狼之国，此举绝无好心，大王不可轻信，更不能去啊。"但楚王的小儿子子兰却说："可秦国国力强盛，若是不去会得罪秦国的。"楚王于是一意孤行，最后死在秦国。

之后，顷襄王继位，他的弟弟子兰为令尹。这时，楚国的内政大权都在以子兰为首的贵族手上,而这些大臣们为了个人利益,对秦国俯首称臣,丝毫不考虑国家的安危。

屈原见到这一切,心里十分愤恨与失望。于是他写下《招魂》,慷慨激昂地呼吁楚国人民一起反对投降,反抗令尹子兰。子兰知道后大怒,安排上官大夫在顷襄王面前进谗言。于是,顷襄王将屈原流放到楚国南方荒僻地带。

屈原来到江边,披散着头发在荒野草泽上长吟短叹。这时的他面容枯槁,形体消瘦,心如死灰。难道天要亡我楚国吗?他痛苦地想着。

江边一位渔夫见到他问:"你不是三闾大夫吗?怎么会沦落成这个样子?"屈原回道:"世人皆浊我独清,世人皆醉我独醒,所以被流放到这儿。"渔夫摇摇头,说:"一个道德修养达到最高境界的人,对事物的看法能随着世俗风气而改变。全社会的人污浊,你为何不随波逐流?大家都昏醉,你为什么不在其中吃点残羹剩酒?为什么要保持美玉一般的品德,让自己变成了这样?"

望着奔涌的江水,屈原坚定地说:"刚洗过头的人,一定要弹去帽子上的灰尘;刚洗过身躯的人,一定要把衣服上的尘土抖干净。有谁愿意以清白之躯去受外界污垢的玷污呢?我宁愿跳入江水河流之中,葬身鱼腹,也不愿自己的清白品德蒙受世俗的污染。"

于是,屈原写下绝笔《怀沙》,之后他就怀抱石头决然地投汨罗江而死。后人为了纪念这位伟大的爱国主义诗人,就在每年的这一天来到江边祭奠。这样年复一年,就渐渐形成了一种风俗,最后发展成为今天的端午节。包粽子、赛龙舟的习俗,也都是因此演变而来的。

屈原的一生，就像《离骚》中写到的"屈心而抑志兮，忍尤而攘诟。伏清白以死直兮，固前圣之所厚"。君王见疑，小人谗害，可他依旧高洁不屈，始终保持着一颗君子的赤诚之心，借文学的笔墨高呼长吟，留下了许多优美纵恣的诗篇。他就像一颗夺目的星辰，天空愈是黑暗，他愈是耀眼。他不仅为他的国家做出了许多贡献，更在中国文学史上立下了一座不朽的丰碑。

汪婷

8 完璧归赵

——蔺相如篇

担肩重任出城关,左右逢君赵璧还。
谈舌巧如相对智,贪心霸玉识秦奸。

(广东 邓浩良)

战国时期,赵国有一个名叫缪贤的宦官。他犯了罪,就想逃到燕国,去请求燕王的庇护。一个门客劝阻他道:"大人,燕王曾经想与您结交,是因为您是大王的宠臣,他是为了讨好您。现在您得罪了赵王,如果逃往燕国,只会使自己陷入更加危险的境地。大人倒不如自己向大王请罪,我想大王定会原谅您。"缪贤听从了这位门客的劝告,果真获得了赵王的赦免。

这位门客就是后来的赵国上卿蔺相如。他能够受到后世的尊敬,凭借的不仅仅是他的机智,还有他不畏强权、一心为国的可贵精神。

后来,赵王得到了一件宝物——和氏璧。秦王得知后,便派人给赵王送了一封信,信中说:秦国愿意用十五座城池来交换和氏璧。

赵王收到信后,忧心忡忡,和大臣们商量对策。大臣们议论纷纷,莫衷一是,商讨多时也没有头绪。赵王便问道:"先不说这和氏璧是否交出,总得先选出一个人去秦国回复吧?"然而众大臣面面相觑,无人敢应。

这时,缪贤站了出来,说:"大王,我想向您推荐我的一个门客——蔺相如。"

蔺相如被召到大殿,他了解了事情的来龙去脉后,说:"大王,这和氏璧不能不给。"赵王一听,十分着急:"如果我交出和氏璧,秦王却不给我十五座城池,那怎么办?"蔺相如微微一笑,向赵王分析道:"秦国比我们强大。如今秦王想用十五座城池来换和氏璧,我们不能不给。如果不答应,就是大王您的不是。但如果大王把和氏璧给了秦王,秦王却失约不给城池,那错就在秦王了。"

赵王气急道:"那你的意思,就是寡人必须要先交出和氏璧?"蔺相如急忙上前道:"大王息怒!如果大王愿意相信臣,臣愿带着和氏璧去秦国。如果秦王失信,我定不负使命,将和氏璧带回赵国!"赵王思索片刻,便同意蔺相如带上和氏璧出使秦国。

蔺相如抵达秦国,秦王派人去迎接他,自己则坐在章台上和众人一齐等候。蔺相如来到大殿,按礼节向秦王问候:"赵国使臣参见秦王!"秦王随意地挥挥手,示意免礼。随后,蔺相如便从锦囊中取出和氏璧,双手奉上,恭敬地说:"小臣已将赵国的宝物和氏璧带来,献给大王。"

侍从上前接过和氏璧呈给秦王。秦王十分高兴,拿在手中反复把玩。接着,他又把和氏璧给侍奉左右的臣子们和后宫的美人们传看。众人都很兴奋,高声欢呼道:"恭喜大王获得珍宝!"秦王十分得意,却绝口不提十五座城池之事。蔺相如见状,心下了然。于是,他走上前说:"大王,这和氏璧虽是宝物,但是上面却有一点小瑕疵,请让我指给大王看看。"秦王非常诧异,赶忙吩咐侍从:"快交给使臣看看!"

蔺相如一拿到和氏璧，便紧紧抓住，然后迅速后退到一根柱子旁，神色冷峻地对秦王说："大王来信说想要用十五座城池来换这块玉，赵王便立即召集群臣商议，最后决定派我出使秦国。今天我来到这里，没有受到应有的礼节接待，我赵国的宝物还被随意传看，大王怎可这样羞辱我！难道果真像人们说的那样，秦王虚情假意，换城是假，夺璧是真！如果大王今天一定要这璧，那我只好和这璧一起撞在这柱子上，我死它碎！"话音刚落，蔺相如就高举和氏璧，做出"挥袂睨金柱，身玉要俱捐"的姿势。

众人大惊失色。秦王怕蔺相如真的撞碎和氏璧，赶忙向他道歉，并向一旁的侍从招手道："还不快去把地图拿来！"侍从连忙拿来地图，摊在秦王面前。秦王看了看地图，拿笔随意圈出一块区域，指给蔺相如看，说道："这十五座城池就划给赵国，怎么样？"

蔺相如平静地看着秦王，心想：他如此随意地割地，定是敷衍我。定了定神，蔺相如不动声色地将和氏璧放入锦囊，揣进怀里，然后恭敬地对秦王说："这和氏璧极其珍贵，赵王在送璧之前，特意斋戒五天以示恭敬。如今大王要收璧，也该斋戒五日才是。"

秦王无奈，只得同意斋戒五天，并且吩咐好好招待赵国使臣。

回到旅舍后，蔺相如立刻吩咐一个随从穿上破旧的衣服，把和氏璧用布包裹好揣在怀里，然后郑重地嘱托他："你乔装打扮，从小路回赵国，一定要把和氏璧带回大王那儿！"那随从虽是点头答应，却满脸担忧。蔺相如笑着说："不必担心我，我自有脱身之计。你快点赶回赵国吧！"

五天后，斋戒结束了。秦王按照约定，在大殿上安排了隆重的九宾大典来迎接赵国使臣。蔺相如来到大殿后，先是向秦王表达谢意："臣代赵王感谢大王的迎宾之礼！"

秦王心情甚好，问道："这和氏璧……"蔺相如站直身体，坦然道："臣没有带和氏璧来。"殿上顿时一片哗然。

蔺相如不紧不慢地说："天下人都知道，秦国从穆公以来的二十几位君主，没有一位是坚定信守盟约的。我实在是怕被大王欺骗而辜负赵王的重托，所以早就让随从带着和氏璧回赵国了。算算时间，应当已到赵国了。"

蔺相如看了看王座上气极了的秦王，继续说："不过大王放心，如果您愿意先把十五座城池割让给赵国，赵王一定会把和氏璧送来献给大王。"两旁侍从听罢，就要上前拉走蔺相如。蔺相如却神态自若地向秦王请罪道："我知道欺骗大王是死罪，那就请大王下令责罚吧！"

秦王怒火冲天，却无可奈何，只好让大典继续。

大典结束后，蔺相如从容回到赵国。赵王大喜，他被蔺相如的智慧和勇气所折服，便封其为上大夫。

后来，秦国攻打赵国，赵国战败。秦王派使者告诉赵王，欲在西河之南的渑池会盟，商谈两国言和之事。赵王得知后很害怕，不想赴约。蔺相如劝道："大王，如果您不赴约，只会显得我赵国软弱无能。"

赵王面露难色，说道："可若是前去，只怕……"蔺相如恭立一旁，正色道："大王不必忧心。臣愿陪同您前去，必拼死护您周全，护我赵国颜面！"赵王听此，便答应前往。

渑池之会上，秦王喝到酒兴正浓时，突然要求赵王弹瑟助兴。赵王不敢拒绝，就弹了瑟。秦国史官就写道：某年某月某日，秦王与赵王会盟，令赵王弹瑟。

这是对赵国的侮辱！蔺相如看在眼里，他端起一只缶缓步走到秦王席前，恭敬地说道："大王，赵王曾听说您擅长贵国的音乐，可否请大王击缶同乐。"秦王很生气，不肯击缶。蔺相如单膝跪地，双手捧缶，递到秦王面前，直视他说："大王请不要逼臣，若您再不击缶，我便要血溅当场，让会盟不欢而散。只怕此事传出去会被天下人耻笑，秦王不敢击缶！"

秦王见蔺相如如此决绝，怕他真的上来拼命，只好击了一下缶。蔺相如回过头来，让赵国史官在书册上写道：某年某月某日，秦王为赵王击缶奏乐。

渑池之会结束后，赵王被蔺相如一心为国为君的勇敢打动，便封他为上卿。蔺相如成为他的股肱之臣。

孔子曾说过"仁者不忧，知者不惑，勇者不惧"。蔺相如的故事记录在《史记·廉颇蔺相如列传》等书中，不论是他为君为国出谋划策时的高瞻远瞩，还是在秦国大殿上智斗秦王的果敢机敏，抑或是在渑池会盟上甘冒一死的决绝无畏，种种事迹一直流传至今。他机智勇武、忠心为国的君子风范光耀千古，受到了一代又一代人的传颂。

阮闵妍

9 史家绝唱

——司马迁篇

何堪忍辱受宫刑,只为求真笔不停。
史记留痕存道义,吾侪明志续芳馨。

(江苏　孙建昌)

这一天,司马迁刚刚出使西南归来,得知了父亲病危的消息,便匆匆赶到洛阳。一进家门,父亲司马谈挣扎着起身,拉着他的手,殷切地说:"吾家先祖从周朝开始担任太史一职,观测星历,记叙史文。如今我快不行了,却还没将这百年来明主贤君、忠臣义士的事迹整理记录。我死后,你也会成为太史,那时千万记得沿承先祖的志向,完成我未竟的事业啊!"

司马迁低下头,流着泪说:"父亲,儿子虽然愚笨,但一定完成这编纂史书的计划,绝不敢有丝毫的缺漏。"于是,司马迁在与父亲生死诀别之际接受了修史的嘱托,并从此立下了编书记史的宏伟志向。

司马迁,字子长,是西汉著名的史学家、散文家。他用一生心血创作而成的伟大著作——《太史公书》(《史记》),是我国历史上第一部纪传体通史,曾被鲁迅称赞为"史家之绝唱,无韵之离骚"。

天汉二年的一天,汉室朝堂上群臣争论不休。原来,"飞将军"李广的长孙李陵将军奉旨领兵出征在外,却意外兵败,降于匈奴。

见汉武帝十分恼火,善于察言观色的大臣们众口一词,都指责李陵叛国通敌,罪无可恕。这时,任太史令一职的司马迁站了出来,他说:"陛下,多年来李陵为国为君,征战沙场,不顾生死,从无二心。依臣看,此番战败,李陵并非真心降敌,而是想活下来伺机回报大汉。更何况,李陵战败是因为箭矢用尽,又没有救兵支援,实属无奈,还请陛下明察。"

此言一出,朝堂上顿时议论纷纷。武帝则冷哼一声,没有说话。

后来,有人声称李陵为匈奴练兵以反击汉朝。武帝一怒之下,下令处死李陵的家人,还将曾为其说情的司马迁投入狱中。

司马迁蒙冤入狱,心中凄苦难言:作为太史令,自己的职责就是要站在公平正义的立场去记叙史实、评判功过。李陵虽有过错,但也有不得已的苦衷。自己的一番辩护,更无半点私心,为何还会见罪于君王?

而这个时候,司马迁更担心的是自己尚未完成的史书,这也是他父亲的遗愿。

关于撰写史书,还要从司马迁的一段游历生活说起。司马迁小时候就十分聪明,十岁时就熟读许多古文典籍。稍稍年长后,他离开了故乡,在父亲的指点下外出游历,考察诸多地区的文化,收集散佚在民间的历史传闻。

这些见闻,有的颠覆了司马迁对正统书文中王侯将相的认知,有的扩充了他对于古今人物多重性格的了解。这些从实践得来的新材料让司马迁感受到了散失的史实所蕴含的巨大意义,更让他认识到编书叙史之人的重大责任。

于是,他一边四处收集这些历史逸闻,一边考察这些传闻的真实性。最后,他开始用自己的文笔概括描述这些事件的起因结果,推断这些事件中成败盛衰的道理。他打算从黄帝开始写,一直写到他活着的时候结束,要写出一本探求天道与人事之间的关系,贯通古往今来变化的脉络,成为一家言论的史书。

谁知这部史书才刚开始草创,就出了李陵一事,自己银铛入狱,被处以死刑。

当时汉律规定:三十万钱,可免人一死。除了此法要想活命,就只能接受腐刑。

司马迁一生清贫,哪有这么多钱去赎罪出狱?而他的朋友们害怕武帝怪罪,都没有去帮他求情,司马迁只好在狱中等候判决。

这天,酷吏正在审讯司马迁。他手拿刑具紧盯着司马迁,喝问道:"司马迁,你和那叛臣李陵究竟有什么关系?"司马迁一脸坦荡,答道:"我和李陵并没有什么关系。李陵骁勇善战,多次为国家建功立业,我只是实话实说。"

不管怎样刑讯逼供,司马迁始终不屈服、不认罪。酷吏无法,狞笑一声道:"司马大人,你诬蔑诽谤陛下,按律当诛。可我朝法典也写了,若想活命,还可花些银钱,改受腐刑。何去何从,司马大人您就好好想想吧。"

司马迁闻言抬头,眉头紧锁。他看着幽暗的牢房,不禁想到,当年的周文王是诸侯的领袖,也曾被拘禁,却扩写了《周易》;孔夫子周游列国,困窘不堪,还创作了五经之一的《春秋》;屈原正是因为被放逐,才留下了《离骚》这一不朽名篇。这些往圣先贤在遭受磨难时,著书立说、言志抒情,自己虽然比不上这些圣贤，但是也有未竟的事业要完成，决不能这么死去！思前想后，他下定了决心——自请腐刑。

不知不觉，秋天来了，行刑的时刻到了。

这一天，执行的官员来到监牢，见到身形憔悴的司马迁，他叹气道："司马迁，你是一个有骨气的文人。如今，陛下已经同意了你的请求，留你一命。"司马迁站起身，拍拍狱衣上的灰尘，痛苦地说："我虽然怯懦软弱，但也不愿沉溺于牢狱生活而忍受屈辱！我之所以选择苟活，正是遗憾我内心的志愿还未达成啊。"

他沉默了一会儿，突然抬起头，坚定地说："人固有一死，或重于泰山，或轻于鸿毛！为了完成父亲的遗愿，为了实现我自己的志向，就算我的身体残缺了，又能怎么样呢？"

刑罚结束以后，司马迁仍在牢房中。伤好之后，他没有埋怨汉武帝，也没有记恨那些大臣朋友，只是一心一意地写自己的史书。

几年后，有官员带着圣旨来到牢房，请司马迁去面圣。司马迁来到朝堂，汉武帝高坐在皇位上对他说："你的史书写得不错，朕要封你做中书令。你可以使用各种宫中藏书，查阅资料，铺垫基础。"司马迁看着这个已经非常陌生的皇帝和朝堂，跪拜下去，叩谢了天子。

出狱以后的司马迁决心远离政治，专心从事自己的创作。但因为身受腐刑，他常常遭人诽谤，还被乡亲们讥笑，他每天都在煎熬中度过，终究无法回归之前的太平生活。

于是，司马迁便守着书斋，面对孤灯，用书稿写作来抗衡身体、精神上所遭受的双重打击。最终，他完成了十篇表、十二篇本纪、八篇书、三十篇世家、七十篇列传，共计一百三十篇的

《太史公书》。

北军使者护军任安素来与司马迁交好,两人都爱好喝酒,喜欢文章,尊崇奇人名士。司马迁出狱后,任安曾写信问司马迁:"你是怎样熬过这几年牢狱之灾和令人羞耻的腐刑的?"司马迁写信回复说:"我作史书时刚好遭遇到那场灾祸,因为害怕性命不保,史书不能完成,所以当我受到最残酷的刑罚时,也没有怨怒之色。受刑后,每每想到这一耻辱,都不禁一身冷汗。但为了自己的志愿,我即使受再多的侮辱,都是值得的啊!"

古人说:"君子要忍人所不能忍,容人所不能容,处人所不能处。"历史上的司马迁,为了不轻如鸿毛地死去,甘受残酷的刑罚,忍受了数年的牢狱之灾,却奋笔疾书,将世事变迁揉入史家悲欢,留下了《太史公书》造福后世。在这样一位君子面前,冤屈磨不平他不偏不倚的公正之心;腐刑消磨不去他身为男儿的壮志豪情。这正是傲骨君子,史家绝唱!

赵新新

10 牧羊北海

——苏武篇

北海牧羊十九春，忠贞誓做汉家臣。
痴心不改兴邦志，史册长歌杖节身。

（北京　齐双禾）

1997年的一天，陕西省咸阳市武功县二水村迎来了一批衣着得体、谈吐不凡的客人。村民们都在好奇，他们是谁，为何来到这个名不见经传的小村庄？经过一番交谈才知道，原来这些来自世界各地的人都姓"苏"，是"世界苏氏宗亲会"的成员。此番前来，正是为了追根溯源，拜访苏武陵墓。

苏武，字子卿，是西汉人。他因爱国守节、有功于社稷，被列为麒麟阁十一功臣之一。

汉武帝时期，汉朝和匈奴处于对峙状态。在相互交往中，双方都曾扣押对方使臣，藉以示威。后来匈奴新单于即位，他惧怕汉朝威势，宣称"汉朝的天子是我的长辈"，并送还了之前扣押的汉使。

这种做法极大地宣扬了汉朝的威名，汉武帝自然十分高兴。他任命苏武为中郎将，同副使张胜等人一起护送被扣押的匈奴使臣回国，还随车附带了礼物，答谢单于。

本来这只是一次简单的外交访问。但就在苏武刚到匈奴时，匈奴内部有人谋反。事发后，供出曾与之有过往来的汉使张胜。

这让单于十分恼火,立刻下令要处死苏武等人。

此时有人向单于进言,如果能让汉使投降,就会让汉朝颜面无存,这才是最好的回击方式。单于思索片刻,便派卫律去劝降苏武。

这卫律原是汉臣,后来叛逃至匈奴。苏武见到他,不由得冷哼一声,说道:"屈节受辱,我没有脸面回去,但身为汉人,我就算是死都不会投降的!"说完就要拔刀自杀。卫律急忙找来大夫医治,这才救回苏武一条性命。

等到苏武伤势有所好转,单于又派卫律前来。

这一次,卫律拔剑指向苏武,威逼他投降。见苏武毫不动摇,卫律嗤笑道:"苏先生,我离开汉朝来到匈奴,就做了人上人。如若你今日也投降,明日就会和我一样,不然就只有死路一条。到那时,又有谁知道你的这般气节呢?"

苏武听到这话,大骂卫律道:"你父亲也曾归顺大汉,故而你虽是胡人,却在汉朝生长,也算是汉皇的子民。如今却背离你父亲的意愿,背叛汉朝。你这样忠义丧尽之人,又如何懂得'气节'二字?我告诉你,我决不投降,你要杀我就尽管来吧!"

卫律听罢,知道苏武心意已决,只得悻悻离去。见苏武如此有骨气,单于便将他囚禁起来,不给吃喝,以此逼迫他投降,可依旧是徒劳无功。

无奈之下,单于只得派士兵将苏武押送到北海牧羊。他对苏武说,要等到公羊生小羊时才放他回汉。这明显是要囚禁苏武一生。但苏武爱国守节的信念丝毫没有动摇,他坦然地接受了这个安排。

到了北海,匈奴人故意克扣粮食,想逼迫苏武屈服。为了活着回到汉朝，苏武只能靠吃草根、喝雪水存活，生活十分艰难。

他随身带着一根竹节，上束有三重用牦牛尾制的节旄。这是临行前，汉武帝赐予他的节杖，象征着国家和君王。苏武牧羊时，节不离手，他用这种方法提醒自己忠义不忘家国。

这一天，苏武如同往常一样手持汉节，守着羊群，眺望着南方的家乡。突然，一行人簇拥着一个熟悉的身影出现在视野里。等来人走近，竟是多时未曾谋面的好友李陵！苏武连忙迎上去。两人在异国他乡相逢，俱是热泪盈眶，一时间相顾无言。

苏武领李陵去一旁的石头上坐下，疑惑地问："李陵兄为何到此？难道是陛下派你来接我回朝的么？"

李陵看着苏武期盼的眼神，期期艾艾地将来龙去脉解释了一遍。原来，在苏武被流放至北海一年后，身为汉朝将领的李陵因战败而降于匈奴。单于知晓苏武、李陵是至交好友，便派李陵前来北海，企图说服苏武投降。

苏武听罢既惊又怒，站起身来厉声说道："大丈夫宁死不屈，你怎可向匈奴投降？你往日的忠孝之心都哪里去了？"

李陵欲辩无言，只得悲叹道："苏兄，若非迫不得已，我怎会叛国弃君？当时若不投降，只怕再难见到我的家人。被迫做出这等不忠之事，即便只是缓兵之策，我也是寝食难安！但我不曾想陛下竟将我的家人全部杀了！而你这么长时间坚守在此，父母兄弟相继离世，夫人也已改嫁，也不见陛下来接你回国。这样无谓的坚持，真的值得么？"

苏武看着羊群，手抚着已经光秃秃的汉节，摇头说道："我了解你的艰难。可是我苏家父子兄弟都是因为陛下的赏识，才得以位列高官。此番出使匈奴，既是代替陛下，也是代表大汉，我若低了头,一则背信弃义,二来叛国叛君,如此不忠、不孝、不仁、不义,我又有何颜面再苟活下去?"

李陵见苏武如此坚决,只得作罢。他留了下来,和苏武在北海宴饮了几天,和老友谈谈说说近年大汉朝堂风云、民间逸闻。

这一天,推杯换盏之间,李陵再次劝说:"苏兄,我这次来,能与你畅饮阔谈,都是因为单于看重你,真心希望你能成为他的臣子。如今陛下年纪已大,喜怒无常,你有生之年即使回去,也将自身难保。就算是我这位老朋友衷心地请求,听从我的意见降了吧!"

苏武将酒杯重重放下,坚定地说:"我既是汉朝的臣子,就绝不能再成为匈奴的部下!如今,不投降已是我唯一可以坚持的东西,也是我决不能失去的东西!所以,我是不会投降的!你若不再提及此事,我与你还是好友;否则,我便只有一死来绝了你的念头!"

李陵长叹一声道:"苏兄真是君子啊!能与你结为好友,是我此生最大的荣幸!"说着便流下眼泪。他再次看了一眼苏武那根已经光秃但从不离手的汉节,转身离开了。

苏武和之前一样,依旧每天牧羊北海,持节远眺。饿了,他便吞毡饮雪;困了,他就睡卧荒郊。那汉节上的节旄逐渐脱落尽了,但苏武立志守节的心却愈发坚定。后来汉武帝驾崩。苏武听闻消息,面向南方长跪不起,痛哭流涕直至吐血。他每天早晚哭吊,持续数月之久。

又过了几年,匈奴和汉朝议和,汉昭帝要求匈奴归还苏武等人。"胡沙不隔汉家天,一节坚持十九年",苏武在阔别汉朝十九年后,终于回到了魂牵梦萦的家乡。

"才德全尽谓之圣人,才智兼亡谓之愚人,德胜才谓之君子,才胜德谓之小人。"德行是评判一个人是否是君子的重要标准。苏武十九年的坚守,是一种为国献身的大德。因为这份大德,匈奴单于才会坚持招降苏武,更是因为这份大德,苏武才会流芳百世,也正是因为这份大德,使得苏武的"君子"之名当之无愧!

王昭铭

11 封狼居胥

——霍去病篇

骑俊功高盖国疆，封狼居胥冠军王，
英魂不与身同没，纵死犹闻侠骨香。

（北京　徐再城）

汉朝时，有位将军年少有为，在战场上立下赫赫功勋，深受皇帝宠爱。有一次，皇帝单独召见他，对他说："你现在已经是大将军了，却还没有单独的府邸。朕特意给你修建了一处宅院，刚好离你舅舅的府上也很近。"这位将军却郑重地回复道："臣谢过陛下好意。然而匈奴未灭，何以家为？所以恳请您收回成命。"这位将军就是本篇故事的主人公——霍去病。

霍去病是汉武帝时期的名将，他十七岁起便跟随舅舅卫青出征讨伐匈奴，骁勇善战，屡立战功。

霍去病从小便跟着卫青学习骑射，他学习刻苦，又极有天分，练就了一身好本领。京都年轻子弟中，很少有人能比得上他。就在别人鲜衣怒马、荒唐恣意之时，霍去病参加了人生中的第一场战争——漠南之战，从此拉开了他精彩绝伦的征战之程。

这一天，大将军卫青刚从朝堂上回来，霍去病就迎了上去。"我就知道你着急，所以赶紧回来了。陛下封你为剽姚校尉，让你随我出征。"卫青爽声说道。霍去病听到这个消息，眉开眼笑，急匆匆回去准备行装。

居延城外猎天骄,白草连天野火烧。大漠广阔,黄沙漫飞,羁旅艰苦,丝毫没有减缓霍去病的脚步,反而激起了他立志报国的豪情。

卫青带领大军在边境安营扎寨。营帐内,他正与手下的将领们商量对策。卫青指了指地图,说道:"河南一战刚刚结束,左贤王被我们打得元气大伤。匈奴单于怀恨在心,一个月前派右贤王来侵袭,现在我们不仅领土被占,百姓也死伤不少。你们有什么好的策略?"

一个校尉说道:"我们从未与右贤王交过手,不了解他的战法,不可贸然出兵。""难道就这么干等着,等着他们匈奴来打?"有人反驳。

顿时,帐篷里议论纷纷。

"我有个主意!"一个自信的声音响起。将领们转头一看,只见说话的是一位意气风发的少年——正是随行的霍去病。"我们可以在与匈奴交战时,派一队人马直攻匈奴老巢,给他们一个措手不及,打乱他们的计划。"霍去病语气坚定地说道。

"这个主意虽好,可太过危险,假如匈奴知道消息后返回怎么办?况且这一带的沙漠极为广阔,很容易迷失其中。如果领队之人没有足够的勇气和见识的话,怕是有去无回啊。"一位将领沉思道。

"有谁愿意前去?"卫青环视众人。

帐篷内鸦雀无声。

"我愿意。"霍去病站出来,眼神坚毅。卫青看着他,皱眉道:"你可知这一去有可能葬身匈奴老巢,再也回不来了。""知道,可我从小就立志做一个像舅舅一样在战场杀敌、保家卫国的人。"

卫青深沉地看了他一会儿,说:"好!我让你带八百名轻骑兵去突袭匈奴。记住,若是不敌,赶紧退回。"

"是!"帐篷外,骏马上,铠甲在太阳的照射下闪耀着缕缕光芒。

霍去病大手一挥,身后的骑兵纷纷雄赳赳地赶上,扬起片片黄沙。他率领八百名轻骑兵,脱离汉军大部队,长驱数百里,直捣匈奴巢穴。这次出征,霍去病斩杀、俘获匈奴人的数量远远超过汉军的损失。胜利的消息传到长安,汉武帝十分高兴,颁布诏书:霍去病功盖全军,封为冠军侯。

经此一战,霍去病正式在青史留名,汉朝的百姓也渐渐知道有一位英勇的少年将军正在守护着他们。

被封侯的第三年春天,汉武帝封霍去病为骠骑将军,让他率领一万汉军骑兵出征匈奴。这年夏天,霍去病再次力挫匈奴浑邪王部,汉军大获全胜。他日益受到汉武帝的赏识,在朝中的地位已能与大将军卫青比肩。

匈奴单于得知浑邪王损失数万人,十分恼怒,准备处死他。

此事被浑邪王知晓。他与众人商议后,决定投降汉朝,于是派人先到边境联络。汉军边境守军捕获了浑邪王的使者,立马向汉武帝报告。得到消息后,汉武帝却犹豫不决,担心有诈。

这时霍去病站了出来:"陛下,让我去吧。匈奴若是真心投降便罢,若要使诈,想趁机偷袭,我们也可以好好灭一灭他们的气焰!"汉武帝听罢,便派霍去病带兵前去迎降。

霍去病率军行了几日,才抵达目的地,与浑邪王的部众遥遥相对。一些匈奴将领、士卒看到汉军后,很是慌张。那些不愿归降的趁机鼓动，有些人甚至开始逃跑。

见此情形，霍去病当机立断。他飞马驰入敌阵，与浑邪王兵戎相见。没多久，汉军呐喊声喧天，冲入匈奴军中，斩杀企图逃跑的匈奴军士。

等到骚乱平息，霍去病骑马来到浑邪王身边，对他说道："浑邪王，您的兵不听话，我已经帮您处理好了。请随我去觐见陛下吧。"浑邪王强自镇定，登上传车，跟随汉军去见汉武帝。他手下的士兵则被霍去病分批安置。

几年后，匈奴再次入侵边境，杀害汉朝百姓、将士。汉武帝随即诏令大将军卫青、骠骑将军霍去病各率五万骑兵，征讨匈奴。

卫青与匈奴单于大军迎面相逢，展开激战。霍去病则率领汉军，携带少量辎重，穿越沙漠，挺进两千多里，深入匈奴腹地，与匈奴左右贤王的部队狭路相逢。在经过狼居胥山时，霍去病暂作停顿，率大军进行了祭祀天地的典礼，将征战成功告知天地神灵，以表为国奋战、不胜不还的决心和壮志。之后，他继续率军深入追击匈奴残兵，一直打到瀚海（今俄罗斯贝加尔湖），方才班师回朝。

这一战，卫、霍大军连连得胜。从此，匈奴北徙漠北，漠南再无其王庭，汉朝彻底解决了边境安全问题。

战后，霍去病被拜为大司马，越发受到汉武帝器重。而"封狼居胥"也成为后世将领所追求的最高荣誉之一。

"捐躯赴国难，视死忽如归"。从十七岁开始征战沙场，至二十三岁因病逝世，霍去病在短暂的一生中经历六次征战，每役皆是传奇。生为奇，死为传，他是汉朝百姓人人爱戴的守护神，也是匈奴士兵人人惧怕的战神。"孰知不向边庭苦,纵死犹闻侠骨香",他的胆识、有勇有谋在百姓口中代代流传,他为国奋战、不惧生死的君子品格,也一直为后人所铭记。

汪婷

12 弘实体远

——宋弘篇

汉室皇宫旧事篇，司空仲子德才贤。
朝廷辅佐成天职，博学多谋千古传。

（浙江　翁仞袍）

有一次，宋弘去朝见汉光武帝刘秀。在谈话时，宋弘发现刘秀一直回头看屏风，便顺眼望去，原来屏风上画着一个穿着很少的美女。见到皇帝不顾国家大事，"沉迷"美色，宋弘面色凝重地对刘秀说："臣至今还没见过有人能如喜爱美女一样，喜爱那些美好的品德。"刘秀明白宋弘意有所指，立刻命人把屏风撤掉，然后笑着对宋弘说："朕听到有道理的话就会从心里肯定它、接受它，这样的话我是不是也有美好的品德呢？"宋弘恭敬答道："自然。陛下从善如流，修养品德，臣也非常高兴。"

宋弘，字仲子，他相貌端正，性情极其温和。西汉末年和王莽新朝时期，他在朝中任职。刘秀建立东汉政权后，他历任太中大夫、大司空，以品行清雅获得称赞。

王莽执政后期，爆发了赤眉军起义，起义军一度攻占长安。战乱中，文武百官或辞职或四处奔逃，因此赤眉军急需征召旧官吏来稳定时局。

听闻宋弘博学多才，在朝中也有一定的声望，赤眉军便派来使者召见。但宋弘认为，赤眉军并不能治理好国家，更不能带领百姓过上好日子，于是拒绝做官。使者就让兵士将宋弘捆绑起来，押着他回去。

当一行人来到渭水桥上时，宋弘趁着看管松懈，突然挣脱束缚，从桥上一跃而下。眼见宋弘沉入水底，那个使者以为他必死无疑，只得悻悻而去。家人将宋弘从河中捞了起来，仔细检查，觉得他还有一丝气息，于是紧急施救。宋弘吐出水来，总算捡回了一条命。

后来，宋弘投奔刘秀，受到了欣赏和重用。

刘秀有个姐姐，被封为湖阳公主。她的丈夫去世了，刘秀就想替她再挑选一个好夫婿。他觉得百官之中，宋弘文采、相貌、品德样样出众，是再合适不过的人选。

一天，刘秀试探性地问湖阳公主："阿姊，你说这文武百官，就全方面考虑，哪个人好啊？"

湖阳公主想了想，说道："我看这百官中，论容貌才略，无人及得上宋弘。"刘秀听了微微笑道："阿姊，若是让你嫁给他，你可愿意？"湖阳公主嗔笑道："可我听说，宋大人已有家室了，而且夫妻和睦，人人称羡。"刘秀大笑："阿姊放心，只要你愿意，剩下的就交给朕了。"

原来，宋弘虽说已有妻室，但妻子却一直未能生育。当时，亲戚朋友们都劝他："你已经人到中年，要赶快生个儿子传递香火，还是赶快纳个妾室，也好向列祖列宗交代。"宋弘则严肃地说道："我的妻子与我早年相识，一直陪伴着我，宁愿自己吃苦受累也坚持让我读书上进。有了这样的好妻子，就是我一辈子没有子嗣我也心甘情愿。我处事光明磊落，绝不会做对不起妻子的事。"

刘秀虽然知道此事，但觉得皇权在上，宋弘能娶到公主也将荣耀无比，他相信宋弘必定会同意这门亲事。于是，刘秀就把宋弘单独传召到宫中。

宋弘来了。刘秀端坐在龙椅之上，缓缓问道："朕有一不解之处，想求教宋爱卿。听说人一旦有了地位，就会丢弃旧日的贫贱之交，而去结交更有地位的人。而人发达之后，就会舍弃原配，去娶一位更好的妻子。你说，这是否属于人之常情呢？"

听到皇帝如此说，宋弘便想起近日朝堂上下的议论，说是湖阳公主看上了自己这个有妇之夫，不由得心中恍然。思索片刻，他恭敬施礼答道："我倒不认为这是人之常情，人一旦有了地位也不应该忘了旧日好友的扶助，没有他们，哪有今朝？而人变得富贵后更不能忘记曾经与自己同甘共苦的妻子。如果丢弃这两点，便不能称之为君子，也应当被人鄙弃。"

刘秀被说得不禁愣了一下。宋弘继续恭敬而郑重地说道："皇上，譬如微臣之妻，虽然不是达官贵族，但数十年来与臣相濡以沫、患难与共，所以不论何时何地，微臣都会珍惜爱护她。若连自己的糟糠之妻都随意舍弃，又怎么能忠心侍奉君主呢？"

刘秀听罢，心中也已了然，便挥手让他告退。望着宋弘离去的背影，刘秀思索良久。转过头来，他对躲在帷幕后的湖阳公主说道："阿姊，这事恐怕办不成了。不过这宋弘，是个值得信任的君子啊。"

这就是流传后世的"贫贱之知不可忘，糟糠之妻不下堂"的故事。这段故事还被改编成多种传统戏曲，广为传唱。

为了颂扬宋弘敢于对抗皇权的品行，有的传统戏曲还编写了如下故事。

刘秀即位后，初治天下，重用正直忠义的宋弘。宋弘也不负所托，为了重新整治风气，厉行"权复庶，返丁于农"，大兴农商。可这却触犯了一些皇室和权贵的利益。

一次，皇室中有人挑唆湖阳公主说："宋弘曾上奏说湖阳宫征丁为奴六百口，理应释奴复庶。"湖阳公主听后心中愤懑。恰好宋弘在宫外求见，湖阳公主便召见他进来，质问道："宋弘你好大的胆子啊，湖阳宫虽有数百口，可是他们伺候皇室是理所应当的。你何需将此事告诉皇上来告我的状？"

"释奴复庶是皇上下发的诏令，微臣怎敢妄言。"宋弘不卑不亢道。湖阳公主嗤笑说："皇家岂能与一般臣子相同？"

宋弘缓缓答道："大汉律法从来不因身份高低而有所不同。征丁为奴，毁坏农事，于情不合，于法不容。"说罢，再施一礼，道："微臣并不想冒犯公主，只是如今天下刚定，百姓尚且贫困，若公主开了先例，上行下效，那田里还有谁去劳作耕种。长此以往，又谈什么国泰民安、振兴家邦呢？公主如何处置臣，臣甘之若饴，但这些都是臣的肺腑之言，望公主仔细思量啊。"

湖阳公主想了片刻，觉得宋弘的话不无道理，随后很快就将征收的奴仆全部释放。

尽管戏曲与真实历史有一定的差异，但我们也可从这些传统文艺作品中看到宋弘正义刚直、不卑不亢的品行，而这种品行正是被人们津津乐道、广为赞扬的。

有一次，刘秀问宋弘，谁的知识渊博。宋弘答道："沛国人桓谭很有能力，学识渊博，多才多艺。"于是刘秀召见了桓谭，并让他在朝中任职。

后来，刘秀喜欢上桓谭弹奏的乐曲。于是每次宴请大臣时，刘秀都会安排桓谭弹琴助兴，桓谭倒也不拒绝。宋弘见桓谭为官后并没有辅政效力，渐渐不大高兴，后悔自己举荐他为官。

一天，宋弘知道桓谭刚从皇上那里出来，就让手下把他叫到自己的府中。宋弘穿着朝服坐在位上，桓谭来了也不给他让座，而是正颜厉色道："我举荐你在皇上身边做官，是让你辅佐皇上，而不是让你整日只在声乐歌舞上侍奉皇上，这成何体统？"桓谭红着脸低下头，不敢作声。

等到刘秀再让桓谭弹琴时，桓谭想起宋弘的训诫，便故意弹错音，跑了调。刘秀知道这不是桓谭的水平，便询问原因。这时宋弘上前请罪，说道："陛下，当初我推荐他为官，是因为以他的能力能够辅佐陛下。现在他却让陛下沉迷于声乐，臣实在是有罪。"刘秀知晓宋弘的良苦用心，大为感动。

曾子曰："士不可以不弘毅，任重而道远。仁以为己任，不亦重乎？死而后已，不亦远乎？"在为臣的角色里，宋弘直言善谏，效忠朝廷；在为夫的角色里，宋弘对妻子忠诚，勇敢抵制权力的诱惑。他乐于举荐有才之士，救济贫苦之人，正如《后汉书》中评价的："弘实体远，仁不忘本。"他是宋弘，一个忠义正直、博学有谋且对爱情矢志不渝的君子，他为后人留下了一段段传奇佳话。

李慧苹

13　高风亮节

——严子陵篇

富春江畔钓台宽，天下新朝始帝端。

光武纳贤求圣手，子陵调笑看鳔弹。

（北京　吴进会）

宋仁宗景祐年间，著名的政治家、思想家范仲淹在被贬谪后，四处游走，访查民间疾苦。一日，当他路过富春江畔时，看到昔日严子陵的钓台，心中感慨万千。他命令左右修建严先生祠堂，并且赶紧叫人拿来纸笔，写下了大名鼎鼎的《严先生祠堂记》。

后来，他还写信给当时的大书法家邵𬭳求字，说："思其人，咏其风。严先生的品德，能让贪婪的人清廉起来，让胆怯的人勇敢起来，这对于维护礼教是很有用的。希望您能够给严先生祠堂题字。"恳切之情，溢于言表。

这严子陵究竟是谁，能让被朱熹誉为"天地间第一流人物"的范仲淹都如此钦佩呢？

严光，字子陵。他本姓庄，后来因为避讳汉明帝刘庄，改姓为严。严子陵是中国历史上最著名的隐士之一。

严子陵年轻时就颇有名望，在长安游学的时候，他与后来的汉光武帝刘秀结识，两人志趣相投，很快就成了无话不说的好友。

此时正处于西汉末年，外戚王氏家族的王莽声誉日隆，被推举为圣人。很快，这位"圣人"就窃取了西汉政权，建立新朝。

为了笼络人心，王莽广招天下人才，严子陵也多次受到召请。但是他身在底层，深知王莽称帝后滥施刑罚、徭役繁重、吏治腐败，人民生活在水深火热中，苦不堪言，便拒不接受。

于是，他隐姓埋名，离开长安，取道齐鲁，定居在沂水之滨、蒙山之麓。每日里，他静坐垂钓，颇有仙人风范。

而他的好友刘秀则在家乡起兵，后来推翻了王莽政权，在洛阳建立起了东汉王朝。

刘秀登基后，求贤若渴。他念及旧情，叫画师画出严子陵的画像，然后派人以此寻找这位昔日好友的下落。

有一天，一个被派去齐鲁之地的使者回来报告说，在沂水之滨发现一个人，披着羊皮在江边垂钓，行为怪异。刘秀料想此人就是严子陵，便派遣使者，带着精美礼物，聘请他入朝。可是严子陵却丝毫不给"皇帝老友"面子，他对使者说，自己不过是江边垂钓的一介平民，志在江湖，对当官不感兴趣。

刘秀再三派人去请，都被严子陵拒绝。后来在使者的坚持下，他不得不来到京城。刘秀派人每天端茶供水，好生伺候。

大司徒侯霸也是刘秀、严子陵游学长安时的旧友。他听说严子陵来到京城，就想同昔日老友叙叙旧。不过他现在已是位列三公，觉得自己位高权重，不方便亲自去拜访，于是就让下属侯子道带着自己的亲笔书信前去问候。

侯子道来到住所，严子陵还躺在床上睡觉。侯子道知晓皇帝对他十分器重，便毕恭毕敬地说明了自己的来意："我家先生由于新朝初建、公务繁忙，抽不开身，不能亲自来拜访，派我带来了书信，请先生过目。"

严子陵没有起身，就在床上曲着双腿，抱膝而坐。他打开书信看完，问道："以前我同你家先生一同在长安游学的时候，他总是犯痴愚的毛病。如今他位列三公，不知道是不是好了一些？"

侯子道一头雾水，立马说道："我家先生位居高位，一点也不痴呆呀！"

严子陵接着问道："那他让你来还有什么事情吗？"侯子道答道："我家先生希望您晚上能到府中小聚，一叙旧情。"

严子陵说："你说他不呆，我却觉得他呆得很。天子曾经让我去过很多次，我都没有去，难道我会去见区区一个臣子吗？"

侯子道一时语塞，不知道该说些什么，左思右想，就请严子陵写个字条，好让自己带回去向侯霸交代。

"我已经好久都没有写过字了，这样吧，我说你记。"侯子道没有办法，只好找来纸笔。只听严子陵说道："你侯霸位列三公，一人之下万人之上，很好。心怀仁德，辅佐皇帝按道义办事，天下的人都会很高兴；若是你一味顺着皇帝，阿谀奉承，就会身首异处！"

这几句话表面看着是在警告侯霸，实际上也是严子陵在变相地劝说皇帝，新的政权刚刚建立，一定要注意以仁德道义服人。侯子道听了，觉得不好交差，就又恳请严子陵再说几句念及旧情的话。可是严子陵却转过身去，不再理他。

侯霸看到书信，非常生气，便将书信上呈了皇帝。刘秀看后，哈哈大笑，说道："这人还是老样子啊！我要亲自去看看他。"

第二天，刘秀便坐上马车，去看望这位老朋友，可严子陵却躺在床上装睡。

刘秀知道他的小把戏,也不生气,便坐在床榻旁边,掀开了被子。他摸着严子陵光溜溜的肚皮,笑着说:"好啊,你个老顽固,既为昔日同学,就不能出山帮帮我吗?"

严子陵也不说话,翻了个身继续装睡。刘秀就在他身边耐心等候着。过了许久,严子陵这才翻身起来,说道:"昔日唐尧的圣德如日光照临天下,可是巢父在听到唐尧要封他做官时,尚且还要洗耳朵。读书人各有志向,你为什么非要逼我做官呢?"

刘秀叹息道:"我身为天子,坐拥四海,可是却请不到自己的老友帮忙啊!"说罢,长叹一声,黯然离去。

过了几天,刘秀请严子陵去宫中小聚,他很爽快地答应了。两人在宫中谈话非常畅快,回忆起当年游学长安的趣闻轶事,转眼间已经物是人非,不觉兴尽悲来,感慨世事无常。

严子陵这么多年一直身在社会底层,深知百姓疾苦,便趁机劝诫刘秀,要吸取王莽教训,按道义办事,施行仁政。两人还探讨了一些治国之策,严子陵从局外人的角度进行的分析,给了刘秀很大启发。就这样,两人从白天一直说到晚上,最后聊得累了,皇帝就请他留下来同床而眠。

严子陵平时浪迹天涯,无拘无束惯了,睡相不太好。他一翻身,竟然将脚架在了皇帝的肚子上。刘秀不忍将他弄醒,就这样将就着过了一夜。

第二天上朝,负责观测星象的官吏赶紧跑来报告:"不好了,皇上,有客星侵犯了帝座,形势很危急。"刘秀听后哈哈大笑,说道:"这只是我的老朋友同我一起睡觉罢了。"

自己还尚未做官,有人就想用星象来挑拨自己和皇帝的关系，严子陵心中很是厌烦。他从皇帝多次拜访以及进宫后的一言一行中，看出刘秀能够知人善任，礼贤下士，待人接物、处理事情都很有才能，并不需要自己的辅佐，于是更加坚定了不做官的决心。

后来，刘秀一度想让严子陵作谏议大夫。严子陵去意已决，怎肯接受？他向皇帝推荐了侯霸，虽然侯霸有些"痴愚"，但是他为人公正、明察事理，还是能够胜任这个职位的。

最终，严子陵还是回到了家乡。在富春江畔，他日出而作，日落而息，披着蓑衣，耕种钓鱼。在粗茶淡饭间，严子陵寻求着自己的快乐。十多年后，刘秀想念旧友，下诏召严子陵进京，但他还是不肯去。

八十岁那年，严子陵在家中离世。刘秀听闻后十分悲痛，下诏赐一百万钱、一千斛粮食，将严子陵安葬在陈山。

相传，曾有一名考生进京赶考，路过富春江畔严子陵的钓台。他想起先人的高尚品德，今昔对比，惭愧感油然而生，提笔写下一首诗：君为功名隐，我为功名来。羞见先生面，黄昏过钓台。

"云山苍苍，江水泱泱。先生之风，山高水长。"严子陵怀有济世之才，关心百姓疾苦，多次劝诫皇帝要按道义办事，并为皇帝治国理政提出良策；同时又淡泊名利，面对高官厚禄不为所动，始终保持清贫本色。富贵于他，有如浮云，唯有江边的一抹春色，江畔的潺潺流水方才是他心之所向。他不愧是高怀独出世间痴的真君子，其德行节操就像拂面的春风，影响着一代又一代的人。

李晨睿

14 义绝关公

——关羽篇

美髯飞动单骑远，偃月青龙霜气寒。

驰骋铮铮唯道义，沥披侠胆与忠肝。

（山东　党同如）

一次，关羽挥军攻打曹兵时，中了对方的毒箭。回营后，大夫看过箭伤说："君侯的手臂再不医治，恐怕就要废了！我需要割皮刮骨才能根治，希望君侯不要害怕。"关羽大笑，表示无妨。大夫也不多说，让人在关羽的臂下放上一个盘子，然后取出一把尖刀，看准了位置，下刀把关羽的皮肉割开，再用刀刮去骨头上的毒。将士们见鲜血淋漓，甚至溢出了盛装的盘子，都掩面失色；而关羽却吃肉喝酒，谈笑自若。这就是著名的关羽刮骨疗毒的故事。

关羽，字云长，河东郡解县（今山西运城）人，是三国时期蜀国的名将。正史中对于关羽的相貌没有过多的描述，但《三国演义》中却有一段经典的描写："丹凤眼、卧蚕眉，面如重枣，唇若涂脂，相貌堂堂，威风凛凛。"在传统戏曲中，关羽的形象也大多是红敷脸面，黑勾眉眼。之所以用红色，是因为它象征了关羽的忠义和勇敢。而手持长髯，夜读《春秋》的关羽形象也早已烙印在人们心中。

建安五年，曹操亲提大军出征徐州，刘备抗衡不久便已大败，只得孤身一人投奔袁绍。此时的关羽正守着刘备的两位夫人，被围困在下邳。刘备大军已败，下邳势必不能保全。曹操深知关羽有勇有谋，是位难得的良将，所以并没有率大军强攻，而是派张辽为说客试图劝降关羽。

张辽来到关羽的营帐里。两人寒暄了许久，关羽也只假装和他畅聊旧事，并不提其他。逐渐地，张辽开始着急了，劝说道："兄长现如今被困，难以脱身。我家主公动了惜才之心，以兄长的才华定可以技压群雄。兄长何不顺势归降我主公，也好一同兴复大汉江山呢？"

"大丈夫，顶天立地，宁折不弯。况且当今谁不知道曹操是挟天子以令诸侯，名为汉相，实是汉贼！"关羽郑重地答道。

张辽急忙道："兄长这话有失偏颇。昔日陛下饱受叛军折磨，大汉江山摇摇欲坠，是我家主公千里救援，才使得陛下摆脱魔爪，重新延续着大汉的江山。兄长既然有匡扶社稷的雄心，此时此刻更应该随我一起去面见主公，报效国家啊！"

关羽沉思片刻，面带怒意说道："我忠于的是大汉江山，而不是他姓曹的。再者说，我与刘皇叔桃园结义，自当生死追随，怎么可以为了活命而另投他人？"

张辽见到关羽略有迟疑，接着劝说道："这次战役，刘皇叔大败，虽没有发现尸首，怕也是一时半会也找寻不到他的踪迹。将军此刻若不归降，怕是难逃一死。再说，就算将军勇猛，死战能脱险，可是刘皇叔的家眷又该如何呢？他日将军见到兄长又该怎样回答呢？"

此时，刘备的两位夫人从屏风后面走了出来，说道："叔叔尽管自己脱身，不必因为我们而拖累了你。"

见到两位嫂子如此果决，关羽心中更是不忍。且不说双方力量悬殊，自己不一定可以脱险，就算自己得以脱身，又有何脸面去面对兄长？倒不如就此先降，再谋打算吧。

主意已定，关羽便对张辽说："我可以跟随将军去见你家主公，但我有些条件，如果能够答应我，自然可以为朝廷效力。第一条，我和刘皇叔曾经立下誓言，共扶大汉江山。今日我降的是汉帝，而不是曹操。第二条，刘皇叔不在，需给两位嫂嫂如同刘皇叔一样的俸禄。第三条，我现在虽然不知刘皇叔身在何方，但如果以后得到兄长的消息，都请允许我当场辞去。这三个条件，缺一不可，否则，我宁愿战死，也不会投降。"

张辽回报曹操，详述了关羽的三个要求。前两个要求都可以爽快接受，可是第三个要求着实让曹操犯了嘀咕。自己若不答应这些要求，只怕关羽会拼个鱼死网破，可自己若是答应了他，纵使一时间可以如虎添翼，但恐也难保长久。

就在曹操难以抉择的时候，谋士进言说："关云长之所以要加上第三条，正是因为他与刘备有兄弟手足之情。关羽此时还不忘旧主，实在是忠肝义胆、性情纯厚之人。况且，此次战役，那刘备想必也是葬身战乱之中了吧！刘备若死了，关羽必定会死心塌地地追随主公。所以，主公不妨答应了他再说。"

听到谋士的分析，曹操内心大喜，当即答应了三个请求，并且赠送关羽厚礼，任命他为偏将军。

不久，关羽就协助曹操大破颜良、文丑，挡住了袁绍的进攻，因此被封为汉寿亭侯。曹操为了彰显对关羽的恩宠，隔三岔五便宴请他，赏赐他府邸歌妓，还有不计其数的金银珠宝，更是把吕布当初所骑的赤兔宝马也一并赏赐给了关羽。

后来，关羽听说了刘备在袁绍处的消息。曹操为了知晓关羽的心意，叫张辽前去试探。

关羽一见张辽，便知来意，他叹息道："我知道曹公对我的厚爱，但我与刘皇叔结义在前，发誓共死，不可背弃。如今既得到了兄长消息，自然不可违背当初的约定。"

之后，关羽把曹操所有的赏赐都原封不动地封存在了仓库，只留下了赤兔马。他单刀快马，保护两位皇嫂行过千里，终于在古城与刘备相聚。

关羽这一去，赢得了"千里走单骑"的美名。而知恩重义的关羽尽管离开曹营，心中却并未忘记曹操的恩情。

后来赤壁之战，曹操的几十万大军败于孙刘联军。此时的曹操，身边只有数十名将士跟随，仓皇败走华容道。就在众人快要通过华容道口时，关羽的大队人马突然出现，堵住了去路。

众人心下一惊，只道今日要命丧于此。一位谋士却悄悄对曹操说："丞相，关云长素来重信重义，恩怨分明。当日丞相那般厚待，他定会知恩图报，放我们一条生路。"

曹操听后，深觉有理，于是纵马上前高声道："将军别来无恙！我如今兵败至此，无路可退，只望将军看在往日情面，高抬贵手！"

关羽看到曹操这一行寥寥数十人，过往的经历不觉涌上心头。他回想当初自己落难，曹操对自己厚待有加，恩赐不断。今日他落难了，自己却趁人之危，拿下对方，邀功请赏，这实在是小人行径，愧对当初曹操的恩情，更有悖内心的道义。

身边的副将见他犹豫，急忙劝说："将军临行前，曾与军师签下军令状。军师向来军令如山，赏罚分明，今日将军如果放过曹操，只怕回去以后难免军法处置，甚至有被砍头的危险，还请将军三思。"

关羽皱眉不语，内心仍在纠结。将士们见关羽迟疑不决，都劝道："将军不必发愁，不需要您亲自动手，只需将军为我们掠阵，我们定能拿下曹贼，完成军师的任务。"

看到部将们群情激奋，关羽长叹一声："我不杀伯仁，伯仁却因我而死。大丈夫以信义为重，即使没有军令状的责罚，我又有何脸面苟活在这个世上。"他也明白，此番擒住曹操，大功一件，千古流芳；若是不拿，违反军令，很有可能性命不保。

反复思量后，关羽最终还是放曹操等人离开，自己回营负荆请罪。他就算是死，也还了曹操一份恩情，不失君子道义。

正所谓"独行千里，报主之志坚；义释华容，酬恩之谊重"，清初的文学批评家毛宗岗据此给予了关羽"义绝"的评价。当然，这段记载于《三国演义》中的故事有许多艺术化的描写，并不一定就是真实的历史，但也从侧面衬托出关羽在后人心中的高尚人格。

《荀子·荣辱》中说："义之所在，不倾于权，不顾其利。"铮铮铁骨、义胆忠肝，他是刮骨疗伤的无畏勇士，是匡扶正义的爱国志士，更是知恩图报、义薄云天的大义君子。历史的洪流滚滚逝去，"义绝"的关羽形象在刀光剑影和烽火狼烟中沉淀，在后人的敬仰和追随下百代流传。

王国荣

15 清风正气

——管宁篇

清风正气昭明月,才华绝伦叹止观。
不慕功名人愈敬,超然物外心头宽。

（山东 林荣滟）

管宁和华歆都是三国时期魏国人,两人每天都坐在同一张席子上读书,十分要好。一天,他俩在后院锄地时,突然刨出一锭金子。华歆立马扔了锄头,捡起了金子。他本想将那锭金子揣在怀里,转眼却瞧见管宁依旧专心锄地,顿时脸红耳赤,只好忍痛丢弃。管宁见状非常高兴,说:"有志气的人不喝盗取的水,有骨气的人不接受侮辱性的施舍,何况是贪图利益,捡拾他人遗物,而玷污自己的品行呢!"华歆羞愧地点了点头。

又有一次,他俩正在读书,突然外面锣鼓喧天。华歆丢下书跑去观看,原来是一位威风凛凛的大官从门口路过。管宁却置若罔闻,仍旧潜心读书。华歆见大官走得不见影了才转身回来,却见管宁拿出刀子将席子割开,决然说道:"你心里只想着发财做大官,我算是看错了人,我们不再是朋友!"他俩就此绝交了。

据说这位不贪财、不恋权的管宁是春秋时期名相管仲的后人。他身高八尺,眉清目秀,才华横溢却淡泊名利。

早年,管宁与华歆、邴原一同求学。后来,三人名气渐大,被人们称为"一龙",华歆为龙头,邴原为龙身,管宁为龙尾。

时处东汉末年，天下大乱，人民生活困苦。当时的辽东地处偏僻，战争还未波及此处，百姓纷纷来此躲避战乱。管宁与华歆、邴原也一同来到了辽东。

当地太守公孙度是个惜才之人，他听说管宁等人到来大为惊喜。三人刚进城门，他就亲自前来迎接，并送至驿馆。

一天，公孙度会见管宁三人。"如今天下大乱，各位可有什么治国之计？"公孙度期待地问道，"我希望各位能出谋划策，助我在这乱世成就一番大业。那我将对各位感激不尽！"

华歆、邴原各抒己见，可管宁却只谈了一些儒学经典，对当前的形势只字不提，这令公孙度十分气愤。管宁看出了公孙度的野心，不喜权术、不求名利的他最终选择搬出驿馆，在附近山上搭起茅屋，挖洞凿井，开垦荒地。

桃李不言，下自成蹊。管宁住进山中不久，很多逃难的百姓也过来与他同住。管宁每日向街坊邻居布道传礼，百姓都愿意亲近他。很快，这里就成为一个邑镇。

当地民间流传着管宁备汲息争、牵牛代牧的故事。

正值旱季，一次天还未亮，邻居们都聚在管宁家附近的一口水井前，为了抢先打到井水，他们你推我搡，吵闹不休。

管宁循声而至，见此情景，他劝解道："大家歇歇吧，别再争吵了。如今兵荒马乱，我们都因为避难而聚在一起，假如各位只因打水这种小事而伤了和气，多遗憾啊！"他继续说道，"既然今天已经分不清先后顺序，就请大家按长幼之序来吧。如果大家都看得起在下，那在下希望大伙日后能按照顺序排队打水。井水没了，我们还可以再打；如果大伙失了和气，那就很难再弥补了。"乡亲们听后，个个面红耳赤，立马互相谦让起来。

第二天清晨，乡亲们排起很长的队伍轮流打水，再没有以往的喧闹。有几户人家离水井很远，管宁为了不让他们觉得有失公允，就专门买来几只水桶，夜里亲自提水将水桶装满，白天再分给他们。那些原先吵闹不休的人看后既感动又愧疚。此后，这里的人们互相礼让，再也没有争吵。

又有一次，邻居家将牛放在田边的草地上吃草。由于主人懒散，没有看护，这头牛溜进田里，毁了管宁的庄稼。管宁见后，连忙将牛牵了出来。他把牛绳拴在树上，又去打水割草来喂牛。牛的主人终于来了，见到这一幕，万分惭愧。从此，这人勤勉做事，再也没有发生类似的事情。

公孙度见管宁的德行造就了辽东地区良好的社会风气，有益于自己的统治，也对他尊敬有加。

几年后，中原地区稍稍安定，之前来辽东避难的百姓都逐渐回到家乡，而管宁依旧悠然自得，在自己的茅舍中安闲自在地生活。但他的高风亮节并没有困锁在陋室之中，朝廷接连不断派人来请他入仕为官，而他都拒绝了，也因此留下了管宁永不仕曹的佳话。

先是魏文帝曹丕在听闻管宁的高才大德之后，多次派人前来找寻，请他做太中士大夫。管宁都以无才无德、年老体衰为由给回绝了，还将那些朝中名士馈赠的各类珍宝原物奉还，自己则带着家眷远避北海。

魏明帝曹叡继位后，听闻管宁的功德，便下了一道诏书，说管宁品格高尚，德才双全，是当世之楷模，破格录用为九卿之一的光禄勋。他还特别嘱咐当地的刺史一定要将管宁请到宫中，并让他备好马车，选好精干的侍从，将软垫、干粮、被褥、盖毯等物也要安排得妥妥帖帖。

对于一个皇帝来说，能做到这样体贴入微，已是十分难得。而管宁呢？他虽然感动不已，却仍不愿应召。

"皇上，管宁这次又以年老体弱、力不从心为由，拒绝入朝为官。"刺史无奈道。

管宁如此坚决的态度，让曹叡百思不得其解，便让刺史探探虚实。

刺史派人前去察看，发现管宁经常戴顶帽子，穿着破旧衣裳在田地里做农活。他走路不是很利索，拄着拐杖，也不让人搀扶，但却不像有病的样子。由此可以断定管宁并不是自命清高，他只是想安度晚年罢了，于是，请管宁做官的事曹叡再也没提过。

到了齐王曹芳在位时，管宁已经八十多岁了。一次，朝中大臣联名举荐管宁做官。曹芳也礼敬有加，命人备上了丰厚的礼金，打算去接管宁。他还嘱咐使者准备了一辆舒适的马车，在车轮上裹上了蒲草，生怕管宁颠坏了身子。但是，使者还没有出发，就传来了管宁悄然离世的消息。

《礼记·缁衣》中说"君子道人以言而禁人以行"，意思是，君子总会用语言教导人们行善，用行动禁止人们作恶。生在乱世的管宁坚守本心，将他的一生过得悠然自得、超然脱俗。他就像芬芳的花朵、甜美的果实，虽不多言，但依旧能引人前来膜拜；他不妄取、不妄予、不妄求的高尚德行是当时社会的一股清流，也给后世留下了宝贵的精神财富。

洪小燕

16　山涛饮郫

——山涛篇

人间百世赞山涛，勤奋一生总种桃。

高尚为人情不忘，正直权位俭持牢。

（北京　张连祥）

魏晋时期，郫县雨水充沛，遍地修竹。人们偶然发现，用竹筒盛过的酒，甘甜中带着一丝苦涩，清香扑鼻。当地县官灵机一动：用竹筒酿酒，味道不是更加清冽爽口？于是，他在竹筒上打个小孔，把酒灌进去，以芭蕉叶封塞筒口。静置几日后，酒染竹香，别有一番风味。因此地名"郫"，而这酒又用竹筒装着，于是这县官索性管它叫"郫筒酒"。这个有意思的县令，叫山涛。

山涛，字巨源，后人常称呼他山巨源、山公。山涛的父亲早逝，他侍母至孝，又勤奋好学，风度超群，是当时文坛的明星人物，著名的"竹林七贤"之一。

山涛的夫人韩氏，出身名门。她嫁给山涛后，默默分担着家里的重担，过着十分清苦的生活。山涛对妻子既羞且愧，宽慰她说："委屈夫人了。这饥寒交迫的日子，你再忍一忍，我日后一定要位列三公，让你过好日子。"韩氏笑而不语，将温酒递给他。山涛哈哈大笑，接过酒一饮而尽。

山涛四十岁时曾出仕做官。当时司马集团与曹氏集团争权，斗争激烈，政局动荡。见宦海暗潮汹涌，山涛便归隐山林，与好友们交游竹林间,把酒言欢。

到了他五十七岁的时候,表弟司马炎代魏称帝,建立西晋王朝。因为与皇室有着亲戚关系,加上名声、人缘皆好,山涛备受司马集团的器重和信任。他实在避无可避,只得出任吏部尚书。

山涛与同为"竹林七贤"的嵇康相交莫逆。嵇康名重当世,司马集团有意延揽,命山涛前去相请。山涛奉命前往,几次拜谒,嵇康皆闭门不见。

不多时,山涛收到嵇康写给他的一封信。在信里,嵇康责备他说:"君子虽殊途,但最终都能找到归宿,正因这样,当官的为了名利一往无前,归隐的为了名声去而不返。你喜欢的那些东西我瞧不上,你就别再假惺惺地来找我了。何必当了屠夫,还要溅我一身血。话不多说,就此绝交吧!"

昔日情同金兰,忽地割袍断义。山涛握着这卷书信,一声长叹,端起酒来,一饮而尽。

嵇康的这封信犹如一块巨石,在魏晋文坛砸起了汹涌波涛。奔波官场的山涛一下成了反面典型,一时间里人们对他冷嘲热讽,议论纷纷。山涛走在洛阳的大街上,认识的人迎面也不与他打招呼。而山涛却一如平常,不疾不徐,行走在巷道间,穿行于竹林中。"莫听穿林打叶声,何妨吟啸且徐行",兴致上来,他仰天举觯,长啸痛饮。

很快,不愿归顺司马氏的嵇康,被冠以"言论放荡、非毁典谟"的罪名,惨遭杀害。时人悲叹不已。

不久之后的一个深夜,山涛正展开嵇康给他的那封信,感慨万千。就在这时,嵇康的哥哥嵇喜忽然领着两个孩子登门拜访。

一见山涛,嵇喜就让两个孩子跪下,自己亦是长揖不起。山涛连忙将手中书信放下,起身扶住嵇喜,招呼孩子起来。

嵇喜满脸窘迫。他支吾良久,转身问两个孩子:"还记不记得你们父亲临终时交代的话?"孩子嗫嚅着回答说:"巨源尚在,汝不孤矣。"

山涛顿时明白,这两个孩子是嵇康的。而那句话的意思是说,有山涛在,你们不算是没有父亲。

嵇喜长叹一声,拱手说道:"舍弟为司马所不容,遭逢此祸。只可怜这两个孩子年幼丧父,孤苦无依。本来,应是我这做大伯的来照顾孩子,但舍弟临终前嘱托,一定要我把孩子托付给您。舍弟与您绝交,却又托孤给您,我实在是感到惭愧……"

山涛连忙说道:"我与嵇康契若金兰,生死可托。嵇康不在了,他俩就是我的孩子。您放心好了。"

之后,山涛将夫人韩氏喊来,告知此事。韩氏听罢,将两个孩子揽进怀里。她指指山涛,对孩子们笑着说:"巨源在,汝不孤矣。"山涛哈哈大笑,举起郫筒,遥祭嵇康。

山涛夫妇将两个孩子视若己出,用心抚养。十八年后,在山涛的大力举荐下,嵇康之子嵇绍甩掉了"出身不好"的包袱,被朝廷征召为官。后来,嵇绍为保护皇帝而死,成为西晋名臣。

这一段朋友之间感人至极的信义和友情,成为千古传扬的佳话。成语"嵇绍不孤"说的就是这件事情。

尽管山涛的官职步步高升,可他依旧洁身自好。

当时官场黑暗,人情往来、贿赂打点是常情。有个叫袁毅的官员贪婪成性,不学无术,喜欢贿赂同僚、长官,以求得他们的称誉。一天,袁毅派人给山涛送去一百斤蚕丝。山涛不爱财帛,却也不便拒受,便收下这些蚕丝,把它藏在阁楼上。

山涛家里简朴至极，他除了一身官袍，并没有什么像样的衣服，家里的女孩儿们更是素衣素裙。孩子们眼巴巴地望着这些蚕丝，但谁也不敢向父亲讨要。山涛爱怜地看着他们，笑道："孩子们都大了，想穿漂亮衣服了。只是父亲得告诉你们，人的品行高贵，比华服在身更加美好。"

后来袁毅被人揭发，收押待审，受过他贿赂的人也遭到弹劾检举。山涛取出丝交给办案的官吏，人们发现丝上积满尘土，封条印章未动。人们钦佩山涛为官清廉，尊称其为"悬丝尚书"。

太康三年（公元282年），七十余岁的山涛终于位列三公。这时韩氏已经卧榻难起，山涛握住妻子的手，环顾依旧简陋的家室，不禁泪流满面，说道："夫人啊，我位列三公，可还是没让你过上好日子啊！"

韩氏却摇摇头说："和你结发几十年，穷困的时候相依为命，富足时你又都拿去救济别人。"又唤儿子取来郫筒酒，笑着说："你父亲一生爱酒，能饮八斗而止，现在岁数大了，我不许他喝酒，今天再让他喝一回。我只怕今后他再贪酒，你们劝不住啊。"

山涛颤巍巍拿起郫筒，抿了一口，两行浊泪滚落下来。妻子去世后不到一年，山涛也撒手西去。

这位"悬丝尚书"在任十多年，举荐贤才无数。人们还把山涛在任期内评价人物的奏章分门别类，编成了一本书，名为《山公启事》，把山涛识人的经验流传后世。后人曾经有这样的感慨：自山公故去后，魏晋再无名臣良士啊。

子曰："君子谋道不谋食。耕也，馁在其中矣；学也，禄在其中矣。君子忧道不忧贫。"透过墨字黄纸，我们隐隐看见：在纷乱人世之中，山涛满面风尘，辗转流离，奔波民生，不时举起郫筒，痛饮一口。他穿着补丁满满的粗布麻衣，佩着三公的印绶，任由家中阁楼上的蚕丝落满灰尘。人有各自追求的人生道路，但是高尚正直、襟怀坦荡、光明磊落，这是从古至今倡导与恪守的君子之风。

李文杰

17 广陵绝响

——嵇康篇

小人君子各浮沉,身处污淤守本心。

大义凛然从容笑,广陵已绝世难寻。

（山东 杨金香）

传说,嵇康在洛阳游玩时,曾住在当地的华阳亭。这天晚上,嵇康临风抚琴,对景抒怀。忽然有一位客人造访,他声称是循着琴声到这里。嵇康很是高兴,赶快招待他坐下。两人谈论音律,互诉心得。最后,客人借过嵇康的琴,弹奏了一段十分美妙的乐曲,并将其传给嵇康。据说,这就是中国音乐史上非常著名的琴曲《广陵散》,描述的是战国时期侠客聂政的事迹。

嵇康,字叔夜,魏晋时期的思想家、音乐家和文学家,是著名的"竹林七贤"之一。他的一曲《广陵散》世人皆知,他的才情与傲骨令后世的文人仰慕不已。同为"竹林七贤"之一的山涛更是对他大加赞誉,甚至以自己是嵇康之友为荣。

曹魏政权时期,卓尔不群的嵇康被皇室看中,迎娶了宗室之女长乐亭主。他还官拜郎中,就任中散大夫一职,日子过得平安顺意。

可好景不长,野心勃勃的司马氏发动政变,控制了军权,成为国家的实际统治者。

尽管嵇康与曹家有亲,可司马氏依旧愿意让这位声名远播的名士继续在朝为官，希望能凭借他的才能和声望稳固政权。掌权的司马昭还厚礼聘请嵇康担任自己的下属。

聘书已经到了府上，可嵇康坚决不肯答应。他赶走来使，闭门谢客。为了远离朝堂纷争，嵇康甚至离家躲避到了河东。

后来，嵇康的好友山涛迁任吏部侍郎，推荐嵇康来继任自己原来的官职。嵇康得知后，气愤不已。为表达不事二主的决心和对世俗礼法的蔑视，他挥毫泼墨写下一篇《与山巨源绝交书》，派人交给山涛。在信中，嵇康对山涛说："我不愿做官，也不适合做官。我已经明确考虑过这件事了，今后如何，跟你没有关系。道不同不相为谋，咱们还是绝交好了。"

这封信文辞酣畅淋漓，很快便传扬出去，世人也都知道了嵇康远迈不群、狂放不羁的品性。

嵇康没了官职，家里也就没了经济来源。正巧家院里有一棵茂密的柳树，嵇康便在树旁挖了一个水沟引水，自己则在树下打铁，贴补家用。这样，宁愿柳下锻铁，也不入朝为官，嵇康的名气反而更大了。

当时的权贵钟会也想来结交嵇康。他精心挑选了个好日子，着了盛装，驾着宝马，还叫上了一大群名流一起去拜访嵇康。

这一大群人浩浩荡荡到来时，嵇康正在大柳树下挥汗如雨地打铁，而"竹林七贤"中的另一位——向秀则在一旁呼呼地拉着风箱。

嵇康知道，钟会的背后就是司马家族。他此番前来，既是为了结交自己，也是想再次试探自己是否有入仕为官之心。所以当钟会来到面前，嵇康既不施礼，也不说话，只自顾自地劳作，半分没有搭理这位远道而来、富贵显赫客人的意思。

钟会在一旁等了半天，见两人视若无睹，正要发作。嵇康瞥了他一眼，漫不经心地说道："你既然爱看我打铁，那又何必领朝廷的俸禄？不如当个铁匠，来同我一道打铁吧。"

钟会闻言十分气恼，他一挥衣袖，就要转身离去。嵇康又淡淡地说："阁下因为听到了什么来这里？又看到了什么而要离开呢？"

见嵇康如此不识时务，还出言讥讽自己，钟会回身怒视，冷冷说道："好个不识抬举的打铁匠！我听闻你是个了不起的名士，才和大家一齐来到这，想邀你出山，共建一番事业。谁知道你这般放诞无礼，不近人情。如今，我想看的都看到了，你切莫为今日之事后悔！"说罢，怒气冲冲的钟会便带领众人离开了。嵇康不知道，自己的一番针锋相对，已然得罪了小人，给自己带来了杀身之祸。

名士吕巽、吕安兄弟俩都是嵇康的好友，但吕巽却迷奸了弟媳。吕安愤恨之下，欲状告兄长吕巽。嵇康得知后，劝吕安不要揭发家丑，以保全门第清誉。谁知吕巽倒打一耙，诬陷吕安不忠不孝。嵇康得知后，震怒不已，写下著名的《与吕长悌绝交书》，痛骂吕巽不知廉耻，还出堂为吕安作证。这一下，嵇康得罪了吕巽的靠山——司马昭，被官府收捕。

嵇康入狱的消息一传出，许多仰慕他的文人学士便奔走相告，设法营救，还有一些人要求也进入大牢，和嵇康一起坐牢。事态如此发展，是司马氏始料未及的。钟会趁机向司马昭进言，建议赶快除去这个放荡不羁、不肯合作的嵇康，以免他再"扰乱教化、败坏风俗"。司马昭深以为然，于是下令处死嵇康与吕安。

行刑当日，嵇康被押至东市。此时，地上跪着三千名太学生。他们集体请愿，一次次地为嵇康高呼无辜，请求司马昭赦免嵇康，并让嵇康当他们的老师，却也徒劳无功。更多的人簇拥过来，他们为嵇康鸣不平，哭泣私语声绵绵不绝。

日头高悬，离行刑的时间很近了。嵇康抬起头，眼中没有对死亡的恐惧，只是平静与坦荡。他四下望了望，扬声对台下悲痛欲绝的家人喊道："可否将我的琴拿来，让我最后再弹奏一曲？"

家人含泪将琴交给嵇康。嵇康旁若无人，抚琴而奏。弦鸣铮铮，将侠客聂政舍生忘死、为恩人报仇的故事变幻在慷慨激昂的琴声中娓娓道来。"此曲只应天上有，人间能得几回闻"，台下的人们沉浸在这不屈强权、不惧生死的琴音之中，如痴如醉。

一曲终了，嵇康把琴放下，叹息道："这曲子是我游玩洛阳时，一位朋友所赠，名为《广陵散》。以前，好友袁准想要跟我学习，我因为舍不得这曲子而没有教授给他。现在我一死，《广陵散》就要失传了。可惜呀，可惜呀！"嵇康说完之后，再也没有看众人一眼，从容受死。他死时年仅四十岁。

世人无不痛惜于这样一位名士的陨落。司马昭在不久之后便意识到了自己的错误，但为时已晚。

古人曾说："君子以独立不惧，遁世无闷。"意思是说，君子特行独立，无所畏惧，即使隐居避世也不会感到苦闷。嵇康便是如此。他虽然身处污浊乱世，却率性自然，不被追名逐利的人同化，也不因高官厚禄而放弃自己做人的底线。人们常论何为君子，大概就是嵇康这样吧——弹奏一曲广陵绝响，用生命追求本心。

陈卷叠

18 咏絮之才

——谢道韫篇

林下之风疏影清,临危厉色也柔情。
只因咏絮识才女,更叹丹襟罢退兵。

(河北 赵计良)

一个寒冷的冬日,谢安把家族子女聚集在一起。一时间,大家谈诗论文,轻松自在。就在这时候,突然下起了大雪。谢安见白雪前来助兴,十分开心,便问一帮小辈:"你们觉得这纷纷扬扬的大雪像什么呢?"他的侄子胡儿口快,接口说:"像在空中撒了把盐!"侄女谢道韫却抿嘴一笑:"我看,不如把这白雪比作被风吹得漫天飞舞的柳絮。"谢安听了,抚掌大笑,赞赏不已。

谢道韫,是东晋名门谢家长女,也是王羲之次子王凝之的结发妻子。提起谢道韫,人人皆知她年少咏絮的才情。也正因为"咏絮"这个著名的故事,她被后世列为古代十大才女之一,后人常常用"咏絮之才"来形容女子富有才华智慧。但是谁能想到,就是这样一位身份显赫的才女,却能够在家人皆被屠戮的时刻,毫不畏惧地拿起武器,奋勇杀敌,展现出女中豪杰的气魄。

"山阴道上桂花初,王谢风流满晋书。"魏晋时代,王谢两家风流人物各领风骚。转眼间,谢家大女儿谢道韫已经到了出嫁的年纪,出于门当户对的考虑,谢安便打算从老友王羲之家中的子弟中挑选一位,把侄女谢道韫嫁给他。

谢安一开始看中的是王家七兄弟中最有才华、排行第五的王徽之。但王徽之生性傲慢，放荡不羁，谢安觉得他过于轻浮，并非是侄女可以托付终身之人。思来想去，他最后选择了看起来踏踏实实的王家次子王凝之。

但谢道韫嫁过来之后，发现王凝之资质平平，与自己理想中的夫君相差甚远。可木已成舟，她也就默默接受了现实。

日子一天天过去，谢道韫已嫁入王家数十年。这一年，王凝之被任命为会稽太守，于是便举家迁往会稽。当时会稽文风鼎盛，仕子们听闻太守夫人乃是美名远扬的才女谢道韫，便时常前来请教。

由于来求教的人络绎不绝，谢道韫干脆在堂上装了一面素色帘帏，自己端坐其中，与大家侃侃而谈。她虽然未曾设帐授徒，但受益的学子不计其数，所以大家都尊她为师。

在当时能够与谢道韫相提并论的只有张彤云。张彤云嫁的顾家，也是江南的望族。论家世，张家自然不及谢家；论才情，二人却差堪比拟。于是，张彤云的哥哥常常自夸，说自己的妹妹并不逊色于谢道韫。

有一个叫济尼的人，常常出入王、顾两家。有人问她，谢道韫与张彤云谁更出色一些。济尼说道："王夫人神气散朗，故有林下风气；顾家妇清心玉映，自有闺房之秀。"虽然二人各有所长，但是以气度而言，"林下之风"自然胜过"闺房之秀"。

谢道韫本以为自己的一生会这样安安稳稳地度过，却不承想，这王凝之当了太守还没多久，竟迷上了当地盛行的五斗米教，整日沉迷于修炼。

不久，一个五斗米教的道士孙恩发动了大规模的农民起义，引起东晋朝野极大震动。面对危机，王凝之不是积极备战，而是闭门踏罡步斗，拜神起乩，说是要请下鬼兵守住各路要津，这样贼兵就不能侵犯城池半寸了。

谢道韫虽然已为人妻多年，但始终心系国家大事，她时刻关注着起义军的动态。她明白，当下应该立即加强兵力，才能确保百姓安全。可是她劝了丈夫好几次，王凝之一概置之不理。

一日清晨，谢道韫又匆匆赶往王凝之闭门修炼的侧府，希望能劝醒他，尽早备战。

她在门前站了好一会儿，进去通报的下人才出来禀报："请夫人稍等，老爷马上出来与您相见。"

"事态紧急，我要和他好好谈谈！"说着，谢道韫提起裙摆便要跨入门槛。

"夫人！夫人！使不得，使不得！这是老爷拜神修炼的圣地，他特地嘱咐了不许外人进入。您万万不可冲撞了神明，让神明降罪于会稽啊！"那个下人跪在地上，不断哀求谢道韫。

听罢这番话，谢道韫也不再为难下人，只是心中一片苦涩。她好歹是他的结发妻子，二人成婚多年，怎么如今大难临头，夫妻两人不仅不能共商计策化解危机，反倒她还成了外人？

下人悄悄抹了一把汗，退到了一边。

这时，王凝之从屋里慢吞吞走了出来，说道："你今日来此又是为了那孙恩之事？"

谢道韫点了点头，说道："如今孙恩获得了不少民众的响应，他的队伍在不断壮大，假以时日便会难以控制。朝廷现在自顾不暇，王谢两大家族，更是那孙恩主要攻击的目标。我们若不尽快采取措施，只怕要孤立无援，任人宰割了！"

"一派胡言！"王凝之一甩长袖，背过身去，"那孙恩同我一样，都是虔诚的教徒，哪怕真有一天他的大军能破了我的阵法，攻入会稽城，也断不会伤我府上人的性命。"说罢，就挥手命人把夫人护送回去，自己又走进了侧府。想了想，他又转头叮嘱下人："以后不要让夫人来这里了。告诉她，我在闭门修炼，任何人都不见。"

谢道韫没办法，只好亲自招募了数百家丁，整日加以训练，只求能护卫府中家眷的安全。

很快，孙恩大军冲进会稽城。王凝之甚至还没有搞清情况，就被起义军枭首。接着，他和谢道韫所生的子女也纷纷被杀。太守府一时间变成了人间地狱，家眷们的惨叫声不绝于耳。

谢道韫却临危不惧。她抱起只有三岁的外孙，手持兵器，带领一些经过训练的家丁奋起抵抗。但是终因寡不敌众，谢道韫等人纷纷被俘，被带到了孙恩面前。

孙恩看着谢道韫怀中啼哭不止的小儿，想着这怕是王家幼苗，不能放过，便示意手下去杀了。谢道韫看着逼近而来的几个大汉，先是抱紧外孙，温柔地安抚了两句，接着抬头对孙恩怒目而视，厉声喝道："这孩子是我的外孙，不是王家人！这些都不关他的事！要杀他，就先杀我！"

孙恩早听说谢道韫是一位才华出众的女子，今日又见她毫不畏惧，不禁对她充满了敬意。他想了想，挥手喝退手下，放了谢道韫等人。

孙恩之乱平定不久，新任会稽郡守刘柳慕名前来拜访寡居的谢道韫。提起以前的王谢两家，谢道韫感慨不已，第一次在人前流露出失去至亲的沉痛与悲伤。但是她言语依旧条理清晰，委婉动人。刘柳听罢，愧惜之余，心中更是赞叹："世间竟有这样的奇女子，一席谈论有理有据，感人至深，让人受益无穷，不得不服气。"

"花中真君子，风姿寄高雅。"谢道韫的一生，可谓是尝尽了人生百味。大富大贵之时，她雅人深致，不曾张扬；遭受变故之时，她拔剑抗争，毫不胆怯。家破人亡没有让她变得满腔愁绪、戚戚怨怨，相反她仍旧风韵高迈，且愈发坚韧。她不仅是才女，是壮士，更是兰草一般的女中君子！

余子婷

19　鹏鸟之心

——李白篇

少时借梦笔生花，把盏梁园尽大家。
二度从戎皆失意，诗仙名望胜乌纱。

（广东　古源信）

传说蜀地有一位少年，有一次在梦中梦见一只金光闪耀的笔，笔头上还冒出一朵朵灿烂的花。他欣喜地拿起笔，在纸上写文作诗，谁知写出的字也飘逸出鲜花的芬芳。经此一梦之后，少年变得才华横溢，笔下生辉。他写下了许多精妙绝伦的文章，很快便名扬天下，为世人所景仰。

故事中的少年就是大诗人李白。后人也常用"妙笔生花"比喻才华横溢，诗文佳美。

李白，字太白，号青莲居士，是唐朝伟大的浪漫主义诗人，被后世称为"诗仙"。他的诗歌雄奇奔放，俊逸清新，极具浪漫主义色彩，在当时与裴旻的剑舞、张旭的草书并称为"三绝"。

李白自幼聪颖，十岁时就通读诗书，志向不凡。但他没有像普通读书人一样想着考科举、求功名，而是期盼以谋臣策士的身份出仕，从布衣百姓直取高官卿相。

在二十五岁时，李白辞别家人，带着佩剑，踌躇满志地开始了他人生的第一次漫游。

一出蜀地，李白就四处求仙访道，拜谒山间名士。一次，李白拜访了当时有名的道家大师司马承祯。见到大师,他一点也不胆怯,开口就询问老庄之道。司马承祯十分惊讶,就问了他几个问题,李白对答如流。司马承祯不禁赞叹道:"想不到你小小年纪就有仙风道骨!"

回去后不久,李白便写就了《大鹏赋》一文。写完之后,李白一遍遍念道:"斗转而天动,山摇而海倾。怒无所搏,雄无所争。"想着自己即将要像大鹏鸟一样展翅翱翔,施展抱负,心中兴奋不已。

李白来到长安,有一次去城中的一座道观,正巧碰到了贺知章。他立刻上前拜见,并呈上袖中所藏的诗本。贺知章惊异于他瑰丽的诗歌和潇洒出尘的风采,连连说道:"原来你就是大名鼎鼎的李太白!看来,你真是天上下凡的'谪仙人'啊!"说罢,就邀请李白畅饮一番。

谁知,两人在酒店坐下,才发现都没有带酒钱。贺知章便解下自己代表官员品级的金龟交给店家,换来美酒。李白见贺知章如此赏识自己,大受鼓舞,两人饮得微醺才依依惜别。

后来,经过贺知章等人的引荐,李白被唐玄宗召唤进宫,封翰林供奉。

不久,玄宗收到吐蕃使者送来的一封书信,可他和在场的众大臣都不认识吐蕃文字。这时,有人向玄宗进言说:"陛下,听闻李白见多识广,才学超群,不如请他来看看吧。"玄宗随即派人宣召。

李白来到朝堂,接过信一看,朗声道:"不过是吐蕃文而已,这有何难?"说罢,就将书信的内容当场翻译给众人听。然而念着念着,李白读出了信里的挑衅之意,不禁义愤填膺。他对玄宗说：“陛下，吐蕃欺人太甚，敢藐视我大唐雄风，请允许我写一封信回应！”

玄宗答应了。李白取过纸笔，酣畅淋漓地写下了一篇《答蕃书》。玄宗和众大臣看后，都赞不绝口。从此李白名闻朝野。

才华初露的李白，本以为玄宗定会重用自己，从此后为官做宰，参朝理政。谁知，玄宗只是将他看作一个御用文人，让他做些应时应景的诗词文章而已。一腔抱负难以施展，李白无比失望，就愈发放浪形骸，纵酒醉世。

一天，李白在陪伴玄宗饮酒时，醉倒在席上。醉眼惺忪间，他看到一旁侍奉皇帝的宦官高力士。玄宗后期宠信宦官，特别是高力士，居然被封为右监门卫将军。当时四方表奏，都是由高力士先看，然后决定是否上呈皇帝亲览。想到自己才高八斗，却还只是一个奉旨填词的文人，李白心中十分不平，故意高声说道："高将军，我已经醉了，还请你帮忙脱去靴子。"

高力士一直是朝中显贵，看到李白如此无礼，心下大怒。但表面上，他还是装作若无其事。宴席散后，他找到了玄宗最宠爱的杨贵妃。

杨贵妃是很感激李白的。一次，玄宗和她在宫中观赏牡丹花，伶人们准备表演歌舞助兴。这时候玄宗却说："赏名花，对妃子，岂可用旧日乐词。"令诏李白进宫写新乐章。

李白来到宫中，略加思索，挥笔写下三首《清平调词》。诗中把杨贵妃和汉成帝的妃子赵飞燕进行了比较。相传赵飞燕体态轻盈，能站在宫人手托的水晶盘中舞蹈，李白以此称赞杨贵妃精擅歌舞。看到新词，玄宗和杨贵妃都非常高兴。

高力士见到杨贵妃，见她正吟诵着《清平调词》，就在一旁说:"娘娘,我以为您会恨李白,怎么反倒老是念叨这几首诗呢?"杨贵妃很惊讶。高力士说:"李白将您比作赵飞燕。赵飞燕瘦,而您却有些胖,这不是讽刺您吗?再说,那赵飞燕可是出身卑贱之人啊。"

这话戳到了杨贵妃的痛处,她原是玄宗的儿媳,后来被纳入宫中。杨贵妃由是深恨李白,经常在玄宗那里吹枕边风,玄宗于是渐渐疏远了李白。

这个故事的真实性现在已经无从稽考了。但是李白恃才傲物,招人嫉恨,倒是事实。

君王见弃,报国无门,李白心灰意冷,他想:"天生我材必有用!其他地方肯定也能实现我的抱负!"于是,他就向玄宗请求退隐还山,玄宗答应了。就这样,李白带着无奈和憧憬,离开了之前心心念念的长安。

几年之后,安史之乱爆发,李白避居庐山。不久,他就收到了永王李璘的书信,邀请他来到自己的阵营。李白收到信后,想到自己终于能够一展宏图,心里激动不已,就准备立刻出发。

妻子却劝阻他说:"你不记得在长安的经历了吗?在长安你不肯和世俗同流合污,如今去到永王那里,难保不会再次遇到危险。"李白听后,陷入了深思。想来想去,他谢绝了李璘的邀请。

但是李璘又陆续派人前来。李白经过一系列思想斗争,终于决定抛弃一切,跟随李璘。

在永王的大营中,李白积极献计献策。他认为天下乱局已定,此时大唐的情形十分类似于东晋的永嘉南渡,正是割据江南的大好时机。因此他力劝永王直取会稽,并在永王发兵之后写下《永王东巡歌》十一首鼓舞士气,同时抒发自己要建功立业的急切心情。

正当李白满心憧憬，以为即将大鹏展翅之时，永王兵败，在乱军中被杀。李白受到牵连，戴罪流放夜郎，后来几经辗转，才被友人救出。

公元761年，已经六十岁的李白，听说附近有将领将率军讨伐叛军的消息，就怀着报国杀敌的志向，准备请缨从军。然而在去投军的路上，他却病倒了，只得来到当涂休养。

第二年，李白的病愈发沉重。临终前，他躺在病榻上，回想起自己的整个人生，不禁独自叹息："大鹏鸟振动翅膀奋飞八极，却屡遭摧折。虽然自己被摧折，但是这番经历却能够激扬万世。如今这世上，谁又能为我的摧折而哭泣呢！"

李白长叹一声，带着今生的遗憾与世长辞。

"自强为天下健，志刚为大君之道。"从少年壮志到老骥伏枥，李白始终秉持着自强之心、刚健之志为理想而四处奔走。命运一再辜负，岁月不断摧折，但他初心不改，志向仍坚。这才是真正的君子之行！这只大鹏鸟，怀揣着始终未变的壮志理想飞向了更远的天空，羽翼所振之处，留下的是一股风流豪迈的君子气概。斯人虽已远去，鹏鸟之志却永存后人心中！

刘婷

20　诗中圣哲

——杜甫篇

心怀社稷赴长安，十载艰辛不得官。

待得官时难遂志，可怜含恨把家还。

（湖南　唐石成）

　　朝气蓬勃的十九岁少年，大多志在四方，杜甫也不例外。年少的杜甫辞别双亲，带着轻薄的行李，开始了他的游学生涯。繁花似锦的洛阳让杜甫流连忘返，恰巧李白也逗留在洛阳。名满天下的天之骄子与才华初露的初生牛犊相见恨晚，两人相谈甚欢，交换着对诗歌的看法，也互相倾吐着对清明政治的向往。

　　两人由此结下了深厚的友谊。分别时，李白直言，如果不能和杜甫在一起游历，鲁酒将不再好喝，齐歌也不会好听。杜甫也是多次写诗怀念李白，赞美其清新飘逸。

　　杜甫，字子美，自号少陵野老，是唐代伟大的现实主义诗人。他的诗沉郁顿挫，饱含忧国忧民之情，被称为"诗史"。而杜甫也被后人尊称为"诗圣"，郭沫若也曾盛赞他："世上疮痍诗中圣哲，民间疾苦笔底波澜。"

　　当年，唐玄宗曾诏告天下，只要是精通一种才能的人，都可以来长安参加选拔，为朝廷效力。胸怀大志的杜甫喜出望外，觉得自己可以有为国尽忠的机会了，他兴冲冲地加入了进京赶考的队伍。考场上，杜甫文思泉涌，尽展所学。但是，权相李林甫为了扶植党羽,竟然启奏皇帝,称有才能的人全在朝廷,平民中没有遗漏的才子。这一下,应试的士子们全部落选。

杜甫愤慨、悲叹、落寞,可是他没有办法说服自己放弃"致君尧舜上,再使风俗淳"的初心。经过一番激烈的思想斗争,他最终下定决心留在长安。为了能实现自己的志向,他不得不随波逐流,拜访达官贵人,请求他们引荐。终于,他在京城谋得了一个小官。

天宝十四年(公元755年),唐玄宗携杨贵妃往华清宫避寒,此时安禄山却举兵造反。

在回家探亲的路上,杜甫见到昔日繁华的长安,已经有人冻死街头;而华清宫却夜夜笙歌,舞乐不断。他悲愤交加,写下了"朱门酒肉臭,路有冻死骨"的千古名句。

一路奔波,风尘仆仆的杜甫刚进家门,却见妻子怀抱着瘦骨嶙峋的小儿子嚎啕大哭。顿时,他的腿好像灌了铅一般沉重。他耗尽全身力气,走到妻子的身旁。

"我们的儿子死了。"妻子沙哑的声音一字一字地砸进他的耳朵里。

杜甫悲痛难抑,眼泪止不住地流淌。望着儿子苍白的面容,脑海中浮现出孩子调皮的笑容,杜甫不由想到,自己虽官职不大,但不需服兵役,也不用交租纳税,如此这般,孩子还被活活饿死,那平民百姓家一定更加苦不堪言。推己及人,由家思国,杜甫更加坚定了自己报国护家、恩泽百姓的理想。

后来,潼关失守,玄宗仓皇西逃。马嵬事变后,太子李亨继位,成为肃宗。杜甫一家也搬到了一个叫羌村的地方躲避战乱。一天,杜甫听说肃宗即位的消息,决定面见君王,为国效力。他立刻安顿好妻儿，收拾行囊，毅然只身踏上了征途。

踽踽独行，杜甫再一次亲眼目睹了国破家亡的惨相。荒凉的农田上只有野草在肆意生长，残破的房屋内已很久没人去修缮，遗留下来的生活用品散落一地。一路上，杜甫忍饥挨饿，风餐露宿，却丝毫未曾打过退堂鼓。

某日傍晚时分，杜甫借宿在石壕村的一户人家。夜里，官兵突然来抓人。这家老人匆匆翻墙逃走，留下老妇人独自面对穷凶极恶的兵差。老妇人向他们哭诉："我的三个儿子都去打仗了。小儿子刚刚来信说，他的两个哥哥都战死了。现在家里只有一个还在吃奶的孩子和他娘了。你们要抓就抓我吧。"

第二天，只有老人家一人与杜甫告别。原来，官差连夜把老妇人带走，赶去军中做饭食。这些所见所闻久久萦绕在杜甫心中，令他难以释怀。作为文人的杜甫，拿起纸笔，用他最擅长的方式，将心中忧国忧民的情感全注入文章中，写下了流传后世的名篇《石壕吏》。

尽管小心谨慎躲避着沿途的叛军，杜甫最终还是被抓捕了。士兵将他押解进长安。因为官职太小，杜甫侥幸没有被囚禁在牢狱之中。

不久，唐军到达了长安附近。杜甫一心想去见肃宗，竟然冒着生命危险逃出了长安。暗夜里，他弯着腰小心翼翼地穿过两军对垒的战线，四周一点点响动都让他心惊肉跳。

终于，杜甫成功地见到了肃宗。他向皇帝陈述了自己一路上的经历，还积极为如何剿灭安史叛军和减轻人民负担进言献策。肃宗很是欣慰，任命杜甫为"左拾遗"。

杜甫的好友房琯因用人失误，加上政敌弹劾，被唐肃宗一贬再贬。杜甫与房琯情谊深厚，当然要为好友说话，他深知此举会被肃宗认为是朝臣结党，但是在他心里，搭救房琯比触怒龙颜要重要得多。

于是，杜甫在朝堂上力陈房琯无过。肃宗震怒，狠狠地责骂杜甫不知为君分忧，不懂为官之本，当即将他贬谪到华州。杜甫难抑心中的悲愤，常常在华州郑县的一个亭子里独自徘徊，满腔的壮志无处可诉。

同年九月，唐军收复了长安，杜甫才又回到皇帝身边，继续任他的左拾遗。

面对着重现生机的大好河山，杜甫心中又燃起了让社会风气重回尧舜时的壮志豪情。他勤勤恳恳，忠于职守，为官清廉正直。每天，都会有新的文书递进来，杜甫总是聚精会神地坐在案前慢慢翻阅，权衡利弊后写出解决方案。

不料，有人故意重提房琯案，借以打击政敌。杜甫因此受到牵连，被贬为参军，不由得心灰意冷。不久关中大旱，灾民四散。杜甫心中慨叹："时值大旱，朝廷上赈灾款又极少，还被层层克扣，到了灾民手里连碗稀粥都没了。我虽当官在位却无能为力，倒不如种地老汉心安理得。"思虑至此，杜甫决定辞官。

之后，杜甫几经辗转来到了山清水秀的成都。在朋友的帮助下，他建了一所草堂，用来遮风挡雨。

由于风吹日晒，草房的屋顶很快就变得脆弱起来。第二年秋天某日，呼啸的大风狂暴地撕扯掉了草房的屋顶。茅草被风吹着，有的挂在树上，有的飘落在池塘里，有的散落在地上被小孩子抱走。冰冷的雨水落进屋内，打湿了薄被。一家人被冻得瑟瑟发抖，手脚麻木。

而杜甫和多年前一样,依旧想着天下间与自己相同境遇的百姓。他长啸道:"安得广厦千万间,大庇天下寒士俱欢颜!"四海穷困,百姓颠沛,杜甫将忧国忧民的高尚情怀再次挥洒在笔墨中。后世的文人骚客每逢困顿潦倒,就把这句诗拿出来细细咀嚼,而杜甫博爱的精神也越发显得有滋有味。

孔子曾说:"君子学道则爱人。"在动荡的时代里,儒士出身的杜甫正是被苦难滋养出了对现实社会敏锐的观察和深刻的思索,用悲悯的笔调书个人得失、写世间苦难。读其诗可以知其心,杜甫用一家悲欢勾连起万家忧乐,他对不幸者的同情,为苦难者的悲鸣,他高度的人文关怀和宽广的济世胸襟,给后世留下无尽的精神财富。

刘陈雪

21 击笏守节

——段秀实篇

贼臣叛乱扰军情,巧计周旋大义成。

不畏强权留美誉,忠肝赤胆为国贞。

(内蒙古 傅丽祯)

三九寒冬,汧阳城一间简朴的房舍里,一位年轻妇人正躺在病床上痛苦呻吟。一个六岁的孩童,站在床前的小木凳上,左手撑着床沿,右手拿一条拧干的巾帕,为妇人擦拭额头上的汗珠。母亲的病情不见好转,他就不吃不喝,终日在病榻前照顾,直到母亲康复。这位孝顺的孩童,就是本篇故事的主人公——段秀实。

段秀实,字成公,唐代中期名将。他幼时熟读儒家经典,长大一些又学习武艺,成年后言辞谦逊,遇事沉着稳重,二十六岁时便因战功而当上将领,后来到泾州担任营田副使。

这一年,泾州遭逢旱灾,颗粒无收,百姓们愁苦不堪。可泾州大将焦令谌却掠占他人土地,之后强行租给农民,要求上缴一半的粮食为租金。眼看田里寸草不生,农民只好硬着头皮将灾情报告焦令谌,他却不顾百姓死活,步步紧逼,说:"我只管收租金,受不受灾与我何干?"

无奈之下,有位农夫只得去求段秀实主持公道。

段秀实略一思索,提笔写下一封书信,让他去请焦令谌来协商解决，口气十分温和。焦令谌收到书信后却勃然大怒，说："怎么，你还去告我的状？难道我还怕他段秀实不成！"就把那农夫打得半死，再命人扛到段秀实府上。

段秀实十分自责，马上亲手帮农夫洗去身上的血污，为他敷药包扎，还让他住到自己的家中，早晚亲自侍奉饮食。他还把自己的马卖掉，换来谷子替那农夫偿还租金，还让众人对此事保密。一位耿直的将军听说此事后，登门大骂焦令谌，焦令谌如梦方醒，羞愧不已。

后来，段秀实升任泾州刺史。他爱民如子，为官清正，只要是对国家和百姓有益的事，都敢于承担责任，从不怕得罪权贵。

当时，天下兵马副元帅郭子仪的儿子郭晞屯兵于邠州，他仗着父亲权势和自己的战功，放任手下兵士烧杀抢掠。老百姓到衙门告状，当地官员却不敢受理。段秀实听说后，主动去找当地官员，请求处理此事。

这一天，段秀实带着执法队出巡，恰巧碰到郭部士兵作恶。他令手下将那些人全部抓起来，然后砍头示众。

郭晞得知后，恼怒不已，马上命令手下士兵全副武装，去杀段秀实报仇。段秀实却早有准备，他让一个跛脚马夫帮他牵马，从容地去往郭晞的军营。

军营里，一排排士兵杀气腾腾地瞪着他。段秀实镇静地说道："杀我这样一个老人家，还用得着出动这么多人？别费事了，我自己送上门来了。"

士兵们被他的勇气所震慑，面面相觑，不敢上前。段秀实继续高声发问："郭副元帅一家亏待你们了吗？你们身为军人却残害百姓，难道是想败坏郭家名声吗？"

郭晞听到动静后，带着随从走出了营帐。

见到郭晞，段秀实立马苦口婆心地劝道："你父亲一生为国征战，功勋盖世，现在你却放纵手下行凶作恶，长此以往，一定会引起百姓怨恨，社会动乱。如果皇上追究下来，认为你仗着父亲的权势目无王法，你父亲的一世英名将毁于一旦。到那时，你们郭家的荣耀还在吗？"

郭晞毕竟年轻气盛，之前从未想过此事的长远影响，听完段秀实的分析后，惊出一身冷汗。他向段秀实拜谢，并表示，今后一定严格约束部下。一场危机就这样解决了。

一次，宰相向皇上提出一个军事计划，要在段秀实治下某处，修墙挖渠。皇帝询问段秀实的意见，段秀实说："目前国家困难，不适合大兴土木，加上春耕刚刚开始，老百姓家里都需要劳动力，就算要动工，也应该等到春耕之后再作打算。"

段秀实考虑的是百姓生计，但却因此得罪了宰相，被夺去兵权调回长安。

不久之后，长安附近的官兵哗变，叛军攻入长安，皇帝仓皇出逃。

叛军拥立太尉朱泚为主。朱泚很需要一些得力的官员来帮助自己，他很看重段秀实的威望，认为段秀实必定会因贬官之事心存怨恨，便派人前去传召。

段秀实不愿意与乱臣贼子同流合污，他闭门不出，以示不事二主之心。叛军兵士跳墙入室强逼，他看着身边的家中子弟，心中感慨：生逢乱世，我也保全不了家人啊！于是，他对子弟们说："国家蒙难，我不能逃避，自当为国捐躯，你们自谋生路去吧。"说罢，与叛军出门远去。

朱泚看到段秀实，非常高兴地说："段公一来，我的大事可望成功了。"哪知段秀实坐下后，却劝他开导将士、平息叛乱，迎回皇帝。朱泚心中不悦，却也没有表现出来。

很快，在叛军的怂恿下，朱泚决心称帝。他派人召来段秀实等人商议登基之事。

哪知朱泚刚开口，段秀实就勃然大怒。他夺过身旁大臣手上的象牙朝笏，跑到朱泚面前，向朱泚脸上吐了一口口水，破口大骂道："你这个不知天高地厚的逆贼！我恨不得将你碎尸万段，怎么可能与你一起谋反！"说罢，他扬起手中的朝笏，狠狠向朱泚头上砸去。

朱泚被打中额头，鲜血顿时涌了出来，段秀实仍然揪着他厮打。在护卫的帮助下，朱泚才得以脱身。段秀实眼看击杀朱泚已不可能，决心以死明志。他指着朱泚的党羽说："我不与你们同流合污，你们还不杀了我吗？"那些人才反应过来，争先恐后杀向段秀实。

一旁的朱泚一手捂住额头，一边摇手阻止众人："段公是义士，不要杀他。"但为时已晚，段秀实被乱刀砍倒在地。他杀身成仁，完成了"拚生一击报君恩，死后千秋大节存"的心愿，享年六十五岁。

朱泚非常悲痛，以三品官员的规格厚葬段秀实。逃亡在外的皇帝得知段秀实死讯后，涕泪交加，悔恨当初听信谗言，没有重用如此忠贞的大臣。

《诗经》有云："淑人君子，其德不回。"意思是说，贤良的君子，德行正直且无邪。段秀实身上表现出来的忠、勇、仁、义、孝等美好品格，被后世广为传颂。他是孝顺父母的好儿子，是体谅民生疾苦的好官,更是为国尽忠的忠臣良将。段秀实不管身处高位,还是陷入绝境,都能坚守自己的内心,用自己的行动为后人做出了表率。君子美誉,实至名归。

王龙

22 文以明道
——韩愈篇

从善诚寻叩齿庵，为民呈命贬澈官。
痴迷佛法君昏聩，非子空吟伤楚篇。

（河北　吕海鹰）

韩愈是唐朝著名文学家、思想家，唐宋八大家之首。在文学上，他认为从魏晋南北朝以来，社会风气不好，连文风也衰落了，许多文人写的文章华而不实，缺少真情实感，于是决心对这种文风进行改革。他提倡学习先秦古文，掀起了一场古文运动，产生了很大的影响。

而韩愈的仕途之路却不如文学道路那般顺利。

贞元十九年（公元803年），关中地区春夏大旱，秋冬早霜，农作物遭受严重影响，有些地区颗粒无收。韩愈此时任监察御史，得知消息后，亲自到京畿附近察访。街道上，有很多乞讨的灾民，他们衣不蔽体，流离失所。仔细询问之下，韩愈才知道详情：本来朝廷已经减免赋税，但京兆尹李实却封锁消息，谎称今年虽然大旱，但是粮食丰收，百姓安居乐业，因此赋税依旧，导致穷人只能拆掉屋子，卖掉砖瓦、木材、稻苗来抵押赋税。

了解真实情况后，韩愈痛心不已。他急忙上书说明这一情况，却反被权势熏天的李实谗害，最后被贬到广东阳山做县令。

几年后，韩愈终于回到京城，但他为国分忧、为民解难的初心从未改变。当时，信奉佛法的唐宪宗听说陕西法门寺里供奉着一节释迦牟尼的指骨，据说只要虔诚瞻仰礼拜，就能求得风调雨顺、国泰民安。于是，他组织了一场规模盛大的佛事活动，派人前去迎佛骨，并且沿途修路盖庙，十分隆重。皇帝先将佛骨迎到宫中，供奉三日，再送入寺庙让大家一起瞻仰。看到皇帝如此敬重和虔诚，王公大臣们也都争相布施，一掷千金。没有产业的平民百姓，也会点几支香来表示虔诚。京城一时掀起了信佛的狂潮。

韩愈本就不信佛，对这种劳民伤财的行为十分不满，见到佛事活动愈演愈烈，心中很是忧虑。经过一番激烈的思想斗争，韩愈奋笔疾书，写下了著名的《论佛骨表》。

一封奏折写得言辞激烈，将他心中憋闷已久的话奔泻而出。

晚上，他对妻子说："夫人，谏表已经写好，明日我就要呈给圣上了。"

妻子明白丈夫这段时间的担心和焦虑，虽支持他为国事操劳，但也担心丈夫的谏表会触怒皇帝。

韩愈自然知道上此谏表可能引来大祸，但他心意已决。他对妻子说："孔夫子说，对待鬼神应当敬而远之，况且那佛骨不过是一块枯骨，怎么可以迎进宫内？如此兴师动众、劳民伤财，引得人们往来奔走，争相拜佛，却把正事丢在一边。长此以往，只怕文化凋亡，家国危难。"

韩愈顿了顿，望着满脸忧虑的妻子，想到了年仅十二岁、还卧病在床的小女儿，愧疚地说："此番上书，前途未卜。若圣颜震怒，恐怕难以回还。丫头还生着病，只能劳累夫人照看。为民为国，我都是一定要去的。"

第二天，韩愈把谏表递上，宪宗皇帝看后果然龙颜大怒。他将奏折丢给宰相们，怒斥道："你们都看看，这就是韩愈给我的谏表，胡言乱语，不敬神佛。我一定要砍了他的脑袋。"几个宰相听罢，忙劝道："韩愈这个人就是心直口快，您是知道的。虽然他出言不逊，理应治罪，但他如果不是怀着一片忠心，怎么会说这样的话，希望圣上可以宽恕他。"

宪宗皇帝气得骂道："如果他说朕信佛太过，还可以原谅。但韩愈身为人臣，竟然说东汉以来，皇帝供奉佛祖后，个个短命！如此狂妄，朕绝不能赦免他。"

这时候朝廷内外的人都惊骇恐惧，许多赏识韩愈的大臣纷纷上书，替他求情。唐宪宗无奈，只得把他贬到潮州去当刺史。

从长安到潮州，八千里漫漫路途。当他到达蓝关附近时，大雪封路，人马都不能通行。韩愈全身湿寒，冻饿难挨。恰在此时，侄孙韩湘前来迎接。两人异地相逢，都十分激动。他们彻夜长谈，论古往今来之事。

传说，韩湘便是神话传说中的八仙之一韩湘子。第二天辞别时，韩湘说："此行前去，困难重重。您看侄孙求道学艺、远离尘世，如今自在逍遥。您为何不同侄孙一起隐居终南，向道修真，彻底离了这些红尘琐事？"韩愈望着连天风雪，叹了一口气说："我熟读儒家经典，就是要为国为民效力，哪怕圣上如今贬谪我，我也得拼着这把老骨头坚持下去。"韩湘默然。

与韩湘分别时，韩愈赋诗一首，交给侄孙，诗中写道：欲为圣明除弊事，肯将衰朽惜残年。

历经艰辛，韩愈一家到了潮州。当时的潮州偏远贫穷，百姓的日子过得很是艰难。韩愈勤于政事、忠于职守，没有因为潮州地方小就疏忽工作，也没有因为身体老迈而放松懈怠。

上任不久，韩愈就召集官员，询问百姓疾苦。

有人说："这里土地不好，田庄产出本来就少，而且最近城东江水中出现了许多大鳄鱼，许多过江的人被鳄鱼吃掉，老百姓人心惶惶，生活也愈发艰难。"韩愈听罢，说道："既然这样，那我们就想办法除掉这些鳄鱼。"

韩愈命令手下采买了一些猪羊，将其扔进水潭中，然后让人在潭边读自己写的《祭鳄鱼文》。文中写道：远古时候，帝王们会把恶物赶到四海之外。后来的帝王德行降低，治理能力有限，你们才会跑到这里繁衍生息。但现在不一样了，大唐皇帝专门派我来管理潮州这片土地，守护这里的百姓。你们这些鳄鱼不在海里好好待着，竟敢来这里兴风作浪。现在我命令你们，七天之内搬回大海里去，否则就用强弓毒箭把你们射杀。

其实，这只是韩愈安定人心的一种手段。但事有凑巧，打那以后，鳄鱼确实再也没有出现过。潮州的百姓慢慢地不再恐慌，都安心下来。

韩愈在潮州施行了一系列政策。他修整农田，修筑堤坝，兴办学校，招揽人才，使处于蛮荒之地的潮州呈现出勃勃生机，人民富足安乐。当地百姓感激不已。为了纪念韩愈，此后出生的孩子多以"韩"作姓。当地的山山水水也纷纷被百姓改称韩山、韩江。

子曰："君子去仁，恶乎成名？君子无终食之间违仁，造次必于是，颠沛必于是。"韩愈身为文人，风采出众，文美而气盛，诗险而意奇；身为大臣，谏迎佛骨，刚直敢任，大义凛然，就算遭受打击，也不放弃自己兼济天下的抱负。他不仅是"文起八代之衰"的大散文家，也是敢言常人不敢言、为民请命不辞劳的伟丈夫。"三十余年，声名塞天"，以仁心济天下，君子之行，如是而已。

郑娇

23 犯颜直谏

——范仲淹篇

出为贤相处名流，直谏犯颜言不休。
千古一文铭夙志，爱民后乐贵先忧。

（广东 朱俊龙）

因为《岳阳楼记》这一千古名作，人们来到岳阳，都一定要去岳阳楼参观。但是谁能想到，范仲淹在创作《岳阳楼记》之前，从未到过岳阳楼，这篇脍炙人口的文章，不是范仲淹登高望远、由景生情而作，而是仅凭一幅画卷和自己想象写成的。

范仲淹在庆历新政失败之后，离京到河南邓州做知州。一日，同样被贬官的好友滕子京从巴陵郡寄来了一个包裹，里面是一封信和一幅《洞庭晚秋图》。范仲淹读完好友来信后，望着面前铺展的画卷，仿佛走进了洞庭盛景，激动的心情久久不能平复。当他从书房出来时，传世名作《岳阳楼记》已经落于纸上。

范仲淹是唐朝宰相范履冰的后人，父亲范墉任徐州节度掌书记，母亲谢氏在家相夫教子，一家人和和美美。然而，范仲淹两岁时，父亲去世，母亲不得不改嫁朱家，范仲淹改为朱姓，名为朱说。

朱家是当地的富户，朱家兄弟一个个成日里无所事事、虚度光阴，而范仲淹则在母亲的教导下，成长为谦逊节俭、勤学上进的少年。在兄弟们花天酒地之时，他在附近的庙宇中读书学习。

不管严寒酷暑，范仲淹都坚持学习。每天学到凌晨时分，公鸡开始打鸣，僧人起床打扫院落的时候，他才躺下休息。为了节约时间，他睡觉从不褪去衣衫，都是和衣而卧。因为最多休息个把时辰，他又要起来读书了。

在饮食方面，范仲淹更是艰苦。每天清晨醒来，他都会煮上一锅米粥。等粥冷却凝固之后，再把粥分成四块，撒上咸菜末和盐醋提味，然后早上吃两块，晚上再吃剩下的两块。

范仲淹与朱家子弟的志趣越来越不相同。一次，范仲淹见他们又乱用钱财，便上前劝说。朱家兄弟不胜其烦，恼羞成怒，冲他嚷嚷道："我花的是我们朱家的钱，干你何事？"虽说平日里兄弟之间不算特别亲密，但这话中有话，也着实让人觉得奇怪。范仲淹回到家中，缠着母亲刨根问底，母亲无奈，只得把他的身世告诉他。

范仲淹听后大为震惊。这十多年里，他没有一天不想走出去，去实现自己的人生抱负，如今既已知道自己姓范，他更要离开这里了。他当即回到自己的房间，简单收拾后，含泪与母亲道别，继续他的求学之路。

四年后，范仲淹以朱说之名考取进士，被任命为广德军司理参军，官居九品。想着自己已经拿上了朝廷俸禄，终于可以实现报答母亲的愿望，范仲淹便把母亲接来奉养。后来，他恢复了本名范仲淹，做回了范家后裔。

范仲淹才干卓越，被许多朝廷重臣赏识，一路被举荐入京，仕途倒也比较顺利。他一心为国为民，从不逃避宦海风波。

天圣七年（公元1029年），仁宗皇帝张罗着给母亲刘太后祝寿。本来儿子给母亲祝寿，倒也没有什么大不了的，但是仁宗十三岁即位，一直由母亲垂帘听政，仁宗打算带领文武百官共同给太后祝寿。

范仲淹听闻，觉得这一做法混淆了家礼与国礼，实在不妥，便立即上疏仁宗道："皇帝有侍奉亲长之道，但是没有为臣之礼。太后过寿，您可以在内宫行礼，尽您作为晚辈的孝心，但是若与百官一起朝拜太后，实在有损皇帝威严啊！"

然而，范仲淹的直谏并没有得到答复。于是，他又跑去上疏太后，说皇帝已经十九岁了，希望她能还政于仁宗。可是，这次进言也如石沉大海。

举荐范仲淹入京的晏殊知道后大惊失色，赶忙派人把他叫来，一通批评："我欣赏你的才华能力，也佩服你敢于直指圣上错误，但是你这样轻率鲁莽，不仅会影响你自己的仕途，还会连累举荐过你的人！"

范仲淹一向敬重晏殊，但是在这件事上，他丝毫不肯退让，而是据理力争。他后来还给晏殊写了一封信，详述自己这样做的缘由。他说："侍奉圣上，就应当做到危言危行，绝不可为了明哲保身而畏首畏尾、阿谀奉承。只要是有益于圣上、有益于社稷的事，哪怕会招致杀身之祸，我也照样会做！"晏殊看罢，连连摇头叹气，心中感慨万千，既赞叹范仲淹这样的正直忠心，又担心他的直言不讳会祸及己身。

北宋初期，冗官、冗兵、冗费严重，积贫积弱的局面已经形成，社会矛盾尖锐，统治危机逐渐出现。仁宗皇帝有些着急，催促范仲淹等大臣尽快拿出解决方案。不久后，轰轰烈烈的庆历新政就在范仲淹的领导下展开了。

新政的推行削弱了贵族的权力，减少了官员的收入，威胁到了他们的利益。于是,许多心怀不满的贵族大臣便相互勾结,诽谤新政。他们指责范仲淹等人是朋党,说他们发起新政只不过是为了谋权夺利。加上新政本身也不够成熟完善,政策推行也出现了不少问题。几个月后,仁宗只得叫停改革,将范仲淹调离出京。

范仲淹临行前,上书皇帝说:"臣知道忤逆圣上罪该万死,但是该说的话臣绝对不会不说的!"然后,劝诫仁宗不可大兴土木,劳民伤财,同时要削减郡县,精简机构,等等。

据史料记载,范仲淹一生共三次被贬,每贬一次,时人便称"光"一次。

第一次,他因惹恼太后被贬。京城大小官员结队送范仲淹至城外,举杯为他饯行道:"范君此行,极为光耀啊!"此称为"极光"。第二次,他阻止皇帝废后被贬。这次给他送行的人比上一次少了许多,但仍旧有人赞许道:"范君此行,愈为光耀!"此称为"愈光"。第三次,他因绘《百官图》讥讽朝政被贬。这次,只有一位好友扶病携酒前来为他送行,并且赞叹道:"范君此行,尤为光耀!"此称为"尤光"。范仲淹听罢,哈哈大笑道:"我前后已经是'三光'了!下次若是再送我,可得准备一只整羊作为礼品啊!"

"三贬三光"不仅体现了范仲淹敢于犯颜直谏,将百姓和国家的利益置于自身安危之上的气概,也显示出了他豁达的胸怀。

重臣梅尧臣可惜范仲淹这样的人才屡经波折,得不到重用,就写了一篇《灵乌赋》给他,暗示他少说话,不要多管闲事。范仲淹读罢,非常感激梅尧臣为自己鸣不平,却不赞同他的主张。他也写了一篇《灵乌赋》,说道:"我做官若是不能为百姓发声,那还不如死去!"

"天行健,君子以自强不息。"贫富不移,不为身外之物动容;不卑不亢,从不因自己波折的一生而感伤;心怀天下,敢于为民发声,秉公直言。如此范仲淹,不愧于"世间第一流人物"的评价,是千百年来被中华民族所铭记的真君子。

余子婷

24　吟啸徐行

——苏轼篇

自斟心曲自为情，世事如禅一梦横。
跌宕人生堪对酒，何妨吟啸且涂行。

（北京　张进财）

嘉祐元年（公元 1056 年），苏轼第一次离开故乡，和父亲苏洵、弟弟苏辙一起，去赶赴一场改变命运的科举考试。

当时的主考官是有"天下文宗"之誉的欧阳修。他在批改卷子时，看到了一篇立意高远、文风质朴的文章，觉得这篇文章应是当之无愧的首名。但转念一想，他断定能写出这么好文章的人，一定是自己的学生曾巩，这要是给了他第一名，别人一定会说自己偏私，还是给个第二名吧。于是，苏轼就获得了第二名。当然，这也没有什么可遗憾的，苏轼最终成为欧阳修的得意门生，并在欧阳修的赏识推荐下，很快名动京师。

苏轼出生在岷江边上一座温暖的小城，小城因附近的眉山而得名，就叫眉山。民间传说，就在苏轼出生的那一年，一座原本郁郁葱葱的眉山，不知为何忽然之间草木皆枯。苏轼仿佛吸纳了眉山所有的灵气，二十岁就高中进士，到了三十岁就已经成为名头响亮的大文豪。在北宋这个群星灿烂的朝代，他一出现便已立于文坛的顶端。

然而，大文豪也要经历人世间的苦痛。

苏轼的母亲去世，他因此离开朝堂。重回朝廷之后，他仍在史馆任职。宋神宗即位后，对国家积弱的现状十分不满，于是任用王安石为宰相，全面推行改革。

但是，改革中出现的一系列问题，导致越来越多的官员加入保守派阵营。他们声讨王安石，反对改革。王安石一怒之下，开始反击。眼看着欧阳修、司马光等老臣相继被逐出朝廷，苏轼觉得自己不能再袖手旁观了。他认为，北宋朝廷要是因此而分崩离析，最终伤害的是国家和百姓。

于是，他写了一封奏折向神宗陈述自己的看法，奏章中说："我知道您希望通过改革来使国家富强，但是过刚则易折，王安石的手段太激进了，这不利于改革的实施啊！"奏折是呈上去了，但没想到神宗看也不看。苏轼不放弃，继续上书。终于，"死性不改"的苏轼惹恼了王安石，他被贬到杭州当了个通判。

但上天好像并没有放弃对他的打磨。苏轼已经成为某些人欲除之而后快的目标，等他辗转多地到了湖州，一场精心准备好的文字狱，只等他一个行差踏错，便可收网。

当时苏轼新任湖州太守，按常例，官员新上任都要向皇帝递上"谢表"。坐在书桌前，苏轼总觉得心里不痛快，一个不小心就把自己的心里话写进了谢表里。他说："我这个人愚笨，又跟不上时代，怕是与朝中那些人搞不好关系，但是还算老实本分，在外治理百姓事务还是可以的。"朝中的某些人立即抓住了这个把柄。

时任御史中丞的李定第一个表示了自己的不满。他向神宗进言："苏轼说他老实本分才在外郡任职，难道朝中的这些人都是爱生事的吗？这不是明目张胆地讥讽皇上您推行新政是'生事'

吗?"一些大臣立即点头附和。他们还罗列了苏轼近年来写的一些诗词,加以曲解,为苏轼扣上了各种牵强附会的罪名。于是,苏轼的"罪行"便被坐实。

钦差来到湖州,苏轼连忙迎了出来。还没等他辩解两句,对方就气势汹汹地将他缉拿。及至京师,苏轼即刻便被投入御史台大狱。这便是历史上有名的乌台诗案。

苏轼名满天下,如今入狱,自然吸引了不少人的目光。然而,不论是保守派的司马光、欧阳修,还是锐意改革的王安石,都纷纷为苏轼上书求情。就连病中的皇太后也对神宗说:"你父亲当初就说苏轼这个人是相才,你赶紧把他放了,我的病也就好了。"

宋神宗无奈,只得放了苏轼,将他贬去黄州担任一个有名无实的团练副使。

初到黄州,苏轼的生活十分糟糕。作为一个犯官,他既没有合适的房屋,也没有耕作的土地,只能靠微薄的积蓄堪堪度日。

幸好当地太守惜才,给了他一个住处:临皋亭。临皋亭除了拍岸涛声之外,并无市井喧嚣,这对苏轼来说是一个好地方。怕苏轼没法填饱肚子,太守又将一座废弃的军营拨给他——这是一个约有五十亩的坡地。苏轼兴致勃勃地给坡地取了个名字"东坡",又给自己取号为"东坡居士",还建了一栋简陋的居所,名为"东坡雪堂",从此开始了躬耕东坡的日子。

面对逆境,苏轼变得镇定了。他试着适应环境,而不是让环境吞噬自己。

苏轼曾经说,自己"上可陪玉皇大帝,下可陪卑田院乞儿"。如今真的与乡野农夫混作一处了,他也是坦然面对,并不觉得有什么不好,甚至会与农夫们一起讨论粮食收成、耕种秘诀。有时,他干脆跑到田间、水畔、山野、集市,追着农民、渔夫、樵夫、商贩,和他们谈天说地。

城外的那块"东坡"毕竟是官地,苏轼觉得内心有些不安,于是跟妻子商量着买一块属于自己的地。

沙湖离他家不远,地价也很便宜,苏轼便兴冲冲地去看地。没想到路上突然下起了暴雨,周围的人惊呼着四处躲避,唯有苏轼淡定地甩了甩袖子,继续潇洒地向前走。

这场暴雨来得快,去得也快,很快就雨过天晴。就在这急剧变化的阴晴里,刚刚被浇成落汤鸡的苏轼忽然诗兴大发,悠然地吟出一阕《定风波》:"莫听穿林打叶声,何妨吟啸且徐行。竹杖芒鞋轻胜马,谁怕?一蓑烟雨任平生……"同行的人纷纷叫好。

无论官职大小,苏东坡都不曾自怨自艾。相反,他灭蝗、抗洪、救孤儿,只要是力所能及之事,都从不推辞。

有一天,老朋友巢谷从四川来黄州看望他。巢谷身怀绝技,据说他研制出了一种叫"圣散子"的神药,可以治疗瘟疫,但是从不传给别人。苏东坡就问他说:"那你能传给我吗?"巢谷神秘兮兮地说:"传给你也不是不行,但是你要答应我一个条件——你不能把这个药方传给别人。"苏东坡一想,这有什么难的,当即指着江水就发誓说不会传给任何人。

不久,一场瘟疫突然来袭,成百上千的百姓染上疾病,很快死去。一时间,城中哀嚎不绝,惨不忍睹。苏轼走在街上,看到百姓的脸上布满了绝望,想到了巢谷给的"圣散子"。他想:信守诺言固然重要,但是鲜活的生命更加珍贵,这"圣散子"很可能就是治病救人的良方。

苏轼赶紧回到自己的住处,翻出了珍藏的秘方,马上献了出去。凭借这个"圣散子"方,不计其数的百姓被救了过来。苏东坡看着重燃希望的百姓,捋了捋胡子笑了。虽然背弃了对老友的承诺,但是他问心无愧。或者说,他认为重要的不是个人的名誉,而是百姓的生命。

曾参说:"君子恭而不难,安而不舒,逊而不谄,宽而不纵,惠而不俭,直而不径,亦可谓无私矣。"所谓君子,无论环境顺逆,都要谨守其职,不骄亦不卑,在天地间谨守本心。苏轼在通达之时,为了国家安定敢于直谏;在落魄之时,也没有卑躬屈膝,反而在困顿中救济百姓,使他们在死亡的边缘获得新生。即使生活艰难,他却依然能够说出"一点浩然气,千里快哉风"的豪言。这就是苏轼的君子之风。

鲍星星

25　清辉朗照

——李清照篇

李子开花清照水，凤凰台上笑王孙。

秋来爱诵西风句，不瘦飘零金石魂。

（湖南　青竹山人）

据说有一天晚上，赵明诚梦见自己看了一本书。醒来后，别的内容都忘记了，只记得书中有三句话——"言与司合，安上已脱，芝芙草拔"。这话听着好像有点前言不搭后语，可父亲赵挺之知道后却很高兴，说他将会娶一个擅长词赋的妻子。因为"言与司合"是"词"字，"安上已脱"是"女"字，"芝芙草拔"是"之夫"二字，连起来便是"词女之夫"。后来，梦境应验，赵明诚果然娶了一位才女词人，她就是李清照。

李清照，号易安居士，擅长书画，通晓金石，尤通诗词。她的词作独步一时，流传千古，被誉为"词家一大宗"。

十八岁那年，李清照嫁给了赵明诚。这是才子与佳人的结合，两个人的婚后生活相当美满。

后来，赵家得罪了权贵，夫妻二人不得不离开京城到青州定居下来。赵家由显贵变成了普通百姓，但对他们而言，却是因祸得福，他们可以把全部的精力都投放在他们喜爱的金石、字画和古玩上。夫妻俩每得一本奇书，便共同勘校，整理题签；得到文玩古器，便仔细把玩，互相交流鉴赏。

两人还有一个特殊爱好。饭后，他们时常坐在堂中烹茶，然后两人指着满屋的书籍互相考问对方，答对者先饮茶，以此为乐。

一次，赵明诚外出未归，李清照作《醉花阴》一词寄给丈夫，告知自己的心情。赵明诚读后，赞叹不已，却又想胜过她。于是，他闭门谢客，废寝忘食写了三天，最后得词五十首。他把李清照的词夹杂在中间，请友人品鉴。友人读后说："只三句绝佳。"赵明诚忙问是哪三句，友人回答后，赵明诚不禁哑然。原来正是李清照的"莫道不销魂，帘卷西风，人比黄花瘦"，赵明诚由此更加钦佩妻子的才学。

不久，金兵南侵，宋王朝陷入一片水深火热之中。李清照幸福宁静的生活被打破了。

靖康二年（公元1127年），赵明诚出任江宁知府。李清照整理好家中的金石文物，南下与他会合，不料却出了变故。

一天夜里，城里发生叛乱。身为知府的赵明诚没有身先士卒指挥戡乱，而是偷偷逃出城去，找了一个隐秘处所躲了起来。叛乱被平定之后，赵明诚被朝廷革职。

回到家中，见到风尘仆仆赶来的妻子，赵明诚闷坐不语。夫妻久别重逢，本应十分高兴，却为何这般态度？李清照疑惑不解。赵明诚只得支支吾吾说出了自己因弃城逃跑而被罢官之事。李清照听后震惊无比，说："如今国家正处危难存亡之际，外敌不断，内患又起，夫君是一府的长官，理应端正言行，带领将士击退贼兵。弃城逃跑，岂不令百姓寒心，令朝廷蒙羞？"

赵明诚听罢，羞愧无比，垂手道错。

丈夫的贪生怕死，让李清照非常鄙弃。她从此冷淡疏远了赵明诚，往昔的恩爱和谐一去不返了。

建炎三年（公元1129年），他们向江西方向逃亡。

行至乌江镇时，李清照不禁浮想联翩，心潮激荡。她想到，当年项羽与刘邦争夺天下，在垓下之战中战败，无颜面对江东父老，就是在这里的江边自刎的。如今金兵南侵，当权者苟且偷安，不顾百姓安危，自己的丈夫也临阵脱逃……

长久以来压抑在胸中的愤懑喷薄而出，她吟道："生当作人杰，死亦为鬼雄。至今思项羽，不肯过江东。"李清照用这首诗表达了自己的抱负：活着，就要做人中豪杰；死了，也要成为鬼中英雄。你看那古时候的项羽，至今还让人怀念，就因为他在失败后宁可自刎，也决不肯退回江东，苟且偷生。

站在身后的赵明诚，听到妻子的诗句，心领神会，愧悔难当。他自此郁郁寡欢，不久便急病发作而亡。

丈夫死后，李清照失去了依靠。她孤苦伶仃，四处逃难，身边的金石文物也不断散失。

到了金华以后，李清照生了病，一个叫张汝舟的人出现在她的生活中。

在张汝舟的照料下，李清照的身体一天天好了起来。当时李清照已年近半百，比张汝舟大了二十多岁，但张汝舟却告诉她，自己想和她结为夫妻。李清照震惊不已，拒绝了他。然而张汝舟一再表示自己已经拿定主意，非李清照不娶，李清照这才答应下来。

但是李清照却再次失望了。张汝舟追求李清照，并不是仰慕她的才华，而是为了她手上的那些古玩字画。但是一路颠沛流离，李清照身边所存已然不多，她非常珍视这些藏品，断不肯让与张汝舟。

张汝舟恼羞成怒，开始对李清照拳脚相加，甚至想将她打死,除去这个年老色衰的包袱,得到她的财物。

李清照认清了张汝舟的丑恶嘴脸,开始想办法摆脱这个恶棍。

张汝舟当时在朝廷求得了右承奉郎这样一个小官。一次,他洋洋得意地向李清照透露了自己的秘密。原来他早年科举是靠作弊才过关的。李清照决定抓住这个机会,告发张汝舟。但当时的法律规定,妻子告发丈夫,即使丈夫真的有罪,妻子也要同受牢狱之苦。李清照想,如果不告发张汝舟,他的无耻行径便难以阻止,长此下去,金石字画难以保全,自己的幸福、自由也无从谈起。思虑再三,她决定报官。

官府经查属实,将张汝舟削去官职,流放外地,李清照亦身陷囹圄。后经友人大力营救,李清照只被关押九天,就获释了。她终于达到目的,离异成功。

出狱之后,李清照无依无靠,贫困忧苦,但她笔耕不辍,留下了诸多脍炙人口的诗词作品。

荀子说:"天不为人之恶寒也辍冬,地不为人之恶辽远也辍广,君子不为小人之匈匈也辍行。"李清照的一生是不平凡的。她与赵明诚一同搜集整理金石字画,担起了文人才女的责任;面对小人的胁迫逼压,她坚守自我、不卑不亢、有勇有谋,体现了她对女性自主的崇尚和追求。南宋朝廷苟且偷安,她仍然心系国家,用生花妙笔写下一首首或婉约凄清、或沉郁悲凉的词作,展现了动乱中人们的生活与思考,成为后人研究宋代文学和历史的宝贵资料。清水照花,君子易安,这样的李清照犹如明月清辉,足以让后人铭记和纪念。

叶晔

26 金山战鼓

——梁红玉篇

梁氏红玉好风华,保宋驱金一彩霞。

铁骨柔情真正气,忠肝慧眼世人夸。

（北京　陈相国）

那一年京口的宴席上,刚刚平定叛军的将士们正在饮酒作乐,庆祝难得的胜利。众人推杯换盏间,一名舞姬身穿一袭红衣,迈着灵巧轻快的步伐来到台上。她明丽动人,舞姿曼妙,更难得的是虽是舞姬,举手投足间却毫无风尘之气,倒有些许英姿飒爽的豪气。

宴会后,将领韩世忠与这名女子相互爱慕,不久便结为夫妻,成就了一段美好的姻缘。这名女子就是宋代著名的抗金女英雄梁红玉。

梁氏,小字红玉,自小随父兄习得一身武艺,并且精通文墨,后因父亲获罪,沦为官妓。在与韩世忠成婚后,她随丈夫四处征战,立功无数。梁红玉一生多次抗击金兵,最终也病逝于抗金前线,百姓感念其大义,为她立祠纪念。

1129年,金兵一路南下,在深入江南五个月之后,准备返回北方。听闻金兵撤退的消息,驻守在松江、江湾、海口的韩世忠立即分兵把守要地,准备乘机阻杀金兵。

得知金兀术率领金兵即将到达京口,韩世忠当机立断,率所部八千兵马,准备迎敌。

金兀术大军号称十万,宋军只有八千,面对兵力数倍于己的敌军,所有人心里都没底。在战前的会议上,一开始便有人提出:"兵法有云,归师勿遏。思乡心切的士兵士气极高,现在阻拦士气和兵力远胜于我们的金兵,实在不明智。"众将纷纷点头称是。

听闻此话,韩世忠看着营帐内将军们信心不足的模样,陷入了沉思,营帐内一时寂静无声。

坐在一旁的梁红玉看见丈夫为难的神情,站了出来,沉声说道:"既然已经来到了战场,那就断没有调头返回或拱手让路的道理。我们身为大宋将士,难道不应该为国家和百姓尽力一战吗?"

此话一出,众人都一时愣怔。

梁红玉继续说道:"此番交战,我们熟悉这里的天气、地形、水势。虽说金兵返乡心切,可我们保家卫国之心难道就不如他们吗?这样一来,天时、地利、人和俱有,我们为何不可一战?诸位,命皆天定,但事在人为。"

众人闻言,都振奋起来。韩世忠给了妻子一个赞赏的眼神,随即和众将讨论作战计划。

作战当日,两军战船对峙。不知是哪一方先擂响了战鼓,双方立刻展开厮杀,一时间鼓声喧天,箭雨纷飞。

梁红玉与韩世忠立于艨艟战船之上,观察着战场的情况。宋军终究人少,久战之下劣势便显露了出来,金兵乘势进攻,一时间情况危急。

忽然,一抹红色的身影登上主帅大船高高的望楼,吸引了众人的目光,原来是梁红玉。她站在望楼之上,奋力敲响了战鼓。隆隆的鼓声给予宋军将士极大的鼓舞,每个人都拼尽全力冲杀。

原来在水面作战时,士兵常常因大雾看不见敌人,加上硝烟四起,也不容易观察到敌情,所以需要一人在高处指挥,用战鼓和令旗指挥全军。

在一场水面战斗中,最容易受到攻击的便是这个鼓手和旗手。梁红玉选择了这个位置,便选择了不顾危险。秋瑾曾说过:"休言女子非英物,夜夜龙泉壁上鸣。"梁红玉临危不惧的大义与担当着实令人动容。

在箭矢纷飞之中,梁红玉面不改色。眼见局势逐渐稳定,她又拿起令旗,发出号令。在她的指挥下,宋军逐渐稳住了阵脚。金兵攻击不利,只得退却。双方的第一次交战终于结束。

谁知到了夜里,金兵趁着夜色又发动了攻击。梁红玉则按照原先的计划,用一盏红灯指挥作战。金兵无法前进,只得退回。

在随后的多次激战中,敌人攻向何处,梁红玉的令旗便指向何处,宋军便在那处进行拦截。甚至有一次,战船在她的指挥下直逼金兀术的座船,金兀术仓皇而逃,宋军活捉了他的女婿。自此,那一抹红色身影成了金兵的噩梦。

战斗陷入胶着状态。金兀术无奈,只得派人向韩世忠表示,愿献上珠宝名马,归还劫掠物资,以求渡过长江。

韩世忠则表示:"你若放回我二帝,归还我国土,此事才可商量。"

就这样,四十八天过去了,金兵迟迟不能渡江,十万金兵被八千宋军阻遏于江边,渐渐被逼入了死港黄天荡。

然而,连日胜利麻痹了韩世忠的头脑。梁红玉建议他主动出击，逼敌就范，抢回被劫掠的物资。韩世忠却自信地说："金兀术已经陷入死地，插翅难飞，我们只需等待他粮草用尽，他必将授首于我。"

红玉多番劝说无效，只能放弃。而就在此时，绝望的金人却发现了一个逃脱的方法。

原来，在黄天荡旁边有一条老鹳河，这条河水量不多，却距离长江极近。于是，金兵连夜疏通了三十里河道，然后驶船遁入长江，逃离了噩梦般的京口。

等宋军收到消息，已然追之不及。韩世忠如梦初醒，自觉愧对梁红玉，更无颜面对一众将士。

宋军大胜金兵的捷报传入朝廷，举朝欢庆。皇帝下旨褒奖，升韩世忠为检校少师，封梁红玉为杨国夫人。

大家都沉浸在胜利的喜悦中，此时却有人上疏弹劾韩世忠，上疏人正是梁红玉。她在奏疏中说，韩世忠在更大的胜利唾手可得的情况下，竟然让敌人成功撤退，根本无功可言。她自己身为将领，看出了战机，却未能说服主帅，也是自愧难当。她在奏疏中弹劾主帅，并请求撤去褒奖。

皇帝当廷宣读了这份奏疏，满朝文武无不为之震惊。没有人想到，这名女子大义当前，如此铁面无私。众人都被她不徇私情、以社稷为重的精神所感动。此事一时传为美谈。

后来，韩世忠率领宋军驻守楚州（今江苏淮安），楚州几经战乱，军民食无粮，居无屋。梁红玉用芦苇"织蒲为屋"，又带人寻找野菜为食。

有一次，她发现马在水边啃食香蒲茎。马能吃，人也应该能吃吧？梁红玉亲自尝食，果然可以食用。于是，她发动大家采香蒲茎充饥,终于缓解了缺粮的问题。

城内军民同心协力,抵抗住了金兵的多次进攻,最后金兵无奈撤退,楚州的危机解除。

在韩世忠、梁红玉的用心经营下,楚州成为一方重镇。他们夫妻二人在此驻守十多年,"兵仅三万,而金人不敢犯"。

战后,人们也经常采食香蒲茎,还把它称为"抗金菜",用以纪念那段艰苦而荣耀的时光。人们还建了一座梁红玉祠来缅怀这位巾帼英雄。梁红玉祠擎柱的对联这样写道:"青眼识英雄,寒素何嫌?忆当年北虏鸱张,桴鼓亲操,半壁山河延宋祚;红颜摧大敌,须眉有愧!看此日东风浩荡,崇祠重整,千秋令誉仰淮壖。"

古人曾说:"夫君子者……畏祸而难却,嗜利而不为非,时动而不苟作。"意思是说,君子畏惧祸患但不怕为正义而死,喜好利益但不为利而为非作歹,见机而动但不苟且行事。梁红玉正是如此。她的战鼓擂响在千年前的京口,更激荡在千年后人们的内心。无论为妻、为将、为臣,她都青史流芳,梁红玉以自己的行为展现着君子大义。

朱若楠

27 精忠报国

——岳飞篇

自古忠臣总受谗,丹心一片枉留连。
昏君自享朝堂乐,造使风波六月寒!

(北京 刘松林)

这一天,母亲先焚香祭拜先人,然后让岳飞跪在祖先牌位前,严肃地说道:"孩子,你能耐得住清贫的日子,立志忠君报国,我很自豪。但我怕会有小人在我死后勾引你去做不当之事,所以打算在你背上刺上'精忠报国'四字,教你时刻不忘保家卫国之志。"

岳飞随即脱去上衣。岳母先在儿子的背上写了"精忠报国"四字,随后拿起针开始刺。只见岳飞的肩背一耸,岳母关切地问道:"是不是太疼了?"岳飞安慰母亲说:"母亲还没刺,怎么就开始问我疼不疼了。"

岳母知道儿子是怕自己心疼才故意这样说,她忍痛刺完字,又用醋墨涂满伤口,这样墨迹就永不褪色了。

这就是我们熟知的岳母刺字的故事。

岳飞,字鹏举,是宋朝著名抗金将领。相传岳飞出生时,有只像大鹏一样的大鸟,在房屋顶上盘旋鸣叫。这传说早已无据可考,但他精忠报国的传奇注定要被中华儿女所铭记。

当时,金人兵强马壮,连年发起对宋朝的战争,掠夺财物,侵占土地。宋朝积极对抗侵略，与金国形成了对峙的局势。

岳飞初上前线，带领一支三百人的骑兵小队去侦察敌情，不料在树林中与金兵遭遇。一时间，双方都措手不及。岳飞临危不乱，他见金兵在地势和人数上都占有优势，明白狭路相逢勇者胜，唯有奋力出击。他大声发出号令，自己则身先士卒，飞马冲到金兵将领面前，将其斩杀马下。宋军士卒大受鼓舞，纷纷向前勇猛拼杀。最终，侦察小队大获全胜。

这场遭遇战让岳飞初露锋芒。之后，岳飞越战越勇，屡建奇功。

岳飞率领的军队号称岳家军，作战勇猛顽强，战法灵活多变。金军与之对战，屡遭挫败，不由得发出"撼山易，撼岳家军难"的哀叹。老将宗泽询问取胜的原因，岳飞向他解释说："打仗的关键是巧用奇兵，让敌军摸不清我军的意图，这才能取胜。排兵布阵之后开战是常用的兵法，而如何巧妙地布阵全由当时的情况来决定。"

正当岳飞信心满满，准备建立更大功业之时，传来了母亲病逝的噩耗。岳飞一面奏报朝廷，一面自行解职回乡。安葬完母亲后，他终日茶饭不思，泪流满面。

依照礼制，岳飞上书朝廷，乞求为母亲服丧三年。但前线兵事正紧，朝廷夺情，促其复职。岳飞想起母亲的叮嘱，毅然离家返回军中。他在三军将士面前，神情肃然地立下誓言：一日不把金人赶出大宋，岳飞就一日不会放弃北伐。

绍兴十年（公元1140年），金国名将兀术亲统大军，南下攻宋。岳飞挥师北上，指挥岳家军逐一击败金军各路人马，收复了大片失地。这时，在金人统治区域内，宋人抗金斗争风起云涌，他们与岳家军相互配合,夹击金军。

腹背受敌的兀术决心孤注一掷。他侦知岳家军兵力分散各处,主帅岳飞驻扎郾城,兵马不多。于是,他派骑兵一万五千人直扑郾城,企图一举消灭岳家军的指挥中枢。

双方在郾城展开激战。兀术以"铁浮图"(女真重装骑兵)为主力,正面进攻,左右翼又辅以"拐子马",这些都是金军的精锐部队。岳飞令其子岳云率骑兵往来冲杀,又派步兵持麻扎刀、大斧等,上砍敌军,下砍马腿,使"拐子马"失去威力,杀伤了大量金兵。

兀术不甘心失败,又纠集了十万步兵和三万骑兵,与岳家军对战于颖昌。颖昌之战,岳家军斗志昂扬,"无一人肯回顾",杀得"人为血人,马为血马",大败金军。接连的失利让兀术不由得哀叹:"我起北方以来,未有如今日屡见挫衄!"岳飞则豪情满怀,他对部属说:"今次杀金人,直捣黄龙府,当与诸君痛饮!"

岳家军全线进击,与金军会战于朱仙镇。兀术还想负隅顽抗,但是士卒们已是惊弓之鸟,与岳家军甫一交锋,便全军溃退。至此,岳飞北伐的战争取得了重大胜利。

但就在此时,岳飞却在一天之内接连收到宋高宗的十二道用金字牌递发的班师诏。诏旨措辞严峻,命大军即刻班师,要岳飞本人去临安朝见。接到如此荒唐的命令,岳飞愤然泣下:"十年之力,废于一旦!"

然而在朝廷高压钳制之下,岳飞不得不下令班师。百姓闻讯,拦阻在岳飞的马前。岳飞无奈,含泪取诏书出示众人,说道:"吾不得擅留。"百姓哭声震野。

岳家军回撤之后,金军趁机反扑,攻取了被宋军收复的大片地区。金人统治区域内的抗金武装也逐渐被金军消灭。岳飞得知噩耗，不由仰天悲叹："所得诸郡，一旦都休！社稷江山，难以中兴！乾坤世界，无由再复！"

多年征战未果，又被岳家军消灭了主力，金国自知无力灭宋，便谋求议和。出于对武将的疑忌，宋廷借机打压手握重兵的将领，尤其是坚决主张抗金的岳飞、韩世忠二人。兀术自然求之不得，还趁势落井下石。他给宋廷宰相秦桧写信，说"必杀岳飞，而后和可成"。

在宋高宗的默许下，秦桧四处张罗，诬告岳飞通敌卖国，将他打入大牢。

在监狱里，面对审讯，岳飞义正辞严，还袒露出背上母亲刺的"精忠报国"四个大字以证清白。看到这四个字，主审官也为之动容。他将岳飞的冤情如实禀告秦桧，然而秦桧却说："这是皇上的意思。"换了一个主审官继续审问。

新任主审官严刑逼供，却无法使岳飞屈招一个字。已经赋闲在家的韩世忠因岳飞入狱之事质问秦桧，秦桧含糊回答说"莫须有"。韩世忠忿然说道："相公，'莫须有'三字，何以服天下？"

为了坐实冤狱，那新任主审官为岳飞罗织了数条罪名，欲一举将他定为死罪。因为这些"罪名"，宋高宗下令将岳飞杀害。岳飞死时，年仅39岁。

岳飞的死讯传出，百姓都为之哭泣。消息传到金国，兀术和金国大臣们为此酌酒庆贺，并说："和议自此坚矣！"

岳飞被害后，一名狱卒冒险将他的遗体背出杭州城，悄悄掩埋。他临终前，将此事告诉了儿子。二十年后，岳飞的冤狱终于得到平反，狱卒儿子才把埋尸地点说了出来。岳飞的遗体被取出，改葬在西湖栖霞岭。

　　孔子曾言道："君子义以为质，礼以行之，孙以出之，信以成之。君子哉！"意思是说，君子做事以道义为基础，依礼仪来实行，用谦逊的语言来表达，用诚实的态度来完成。这正可为岳飞保家卫国、戎马一生的有力概括。如今，岳飞已不仅仅是一个简单的名字，还凝结了千百年来仁人志士为国抗战、为民请命的爱国精神。岳飞这份精忠报国的壮志豪情，怜民爱民的道义担当，至死不渝，流传千古。

刘陈雪

28 洗冤泽物

——宋慈篇

求真至古各相争,惊世宏篇举目惊。
凭是监牢多积案,成书一览自然明。

(山西 李海平)

清朝晚期,出于对中国文化的好奇,英国剑桥大学的教授嘉尔斯漂洋过海来到中国考察。有一次,他在宁波看一位官员审案。无意间,他看到那官员的文案上摆着一本书,奇怪的是,这本书他在许多审案官员的文案上都看到过。官员见他疑惑,解释道:"这是宋朝一个提刑官所著的《洗冤集录》,是官员们办案的重要参考。"

这本书里到底写了些什么,让它在几百年之后的清朝仍旧起着重要作用?这位大宋提刑官又是何许人也?他就是本篇故事的主人公——宋慈。

宋慈是宋朝杰出的法医学家。他的著作《洗冤集录》是世界上第一本法医专著,这本书不仅惠及后世官员,更影响到亚洲乃至欧洲法医学的发展,所以宋慈被后世尊称为"法医鼻祖"。

在中国古代,只有地位低下的仵作才接触尸体,进行法医检验。仵作的文化水平和专业技能不高,检验尸体时难免出错。而现场监察的官员往往是没有经验的新入选官员,并且有的人怕苦畏脏,不对案情进行实地检验,即便到了现场也只是远远一望。

这样，尸体检验就难免判断失误，甚至张冠李戴。有些官员崇信口供，甚至刑讯逼供，导致是非混淆，黑白颠倒，冤狱丛生。

身为提刑官的宋慈对这些现象深恶痛绝。在他看来，听讼理刑就应以性命为重，实事求是，怎么能因为一点困难就怠慢放任？同时，一切罪名也应该用证据来证明，而不是轻易根据口供定刑。

由于史书上关于宋慈的资料较少，为了让人们深入了解这位法医鼻祖严谨细致的办案风格、刚正不阿的高贵品质和仁爱天下的高尚情操，后人根据《洗冤集录》的刑狱思想和技术方法，撰写了不少关于他的故事。

一天，当地的一户人家娶新媳妇，一家人喜气洋洋地操办着喜事。不知不觉天黑了，新郎也入了洞房。

正当大家收拾妥当准备就寝时，新房里突然传来新妇惊恐的尖叫声。大家赶忙冲进新房，发现新郎直挺挺地躺在地上，旁边是一碗没吃完的面，人却已没了气息。新娘惊恐地蜷缩在角落，似乎受到了很大惊吓。一家人手忙脚乱地报了官，将新娘扭送官府。

官府很快派人来审理此案。仵作查验后断定新郎是中毒而死，夺命的正是新娘亲手下厨做的那碗面。这下新娘百口莫辩。

由于人证物证俱在，官府也只当是新娘毒杀了亲夫。但在审问时，新娘却拒不认罪。知县动用大刑，新娘最后只得招认。刑部批复下来，新娘只待秋后问斩。

宋慈接任知县后查看卷宗，却产生了疑问。他想：新妇虽承认了毒杀新郎，可关于毒的来历却始终没有说出，杀夫的动机也并未交代。

于是，他决定再审新妇。这时手下人却说："大人，那犯妇既已招供，本案也已了结，还有什么可审的呢？"

宋慈说："人命之案，须查获凶器；凶手定罪，须查验尸体；尸体检验，须查验到致命伤；否则便为疑案。此案中毒药来源尚不清楚，怎能说是结案了呢？"

果不其然，重新审问时，那新妇并不承认自己杀了人。为了查明真相，宋慈决定开棺验尸。开棺时，宋慈不顾尸体腐烂，亲自观验。仵作检验，新郎确系中毒而死。棺材里有一股蛇腥气，可以推断是蛇毒。可是，这种毒药不是妇人能够轻易得到的，那它是怎么来的呢？

宋慈亲自走访附近村民。有人向他反映了这样一条线索：新郎暴毙那天，新郎家附近一口鱼塘里的鱼也莫名其妙死了很多。宋慈马上命人抽干水塘，结果找到了一个瓶子。这时有人举报，说新郎家邻居龚三是个捕蛇人，平常就用这样的瓶子装蛇毒。

宋慈立即派人将龚三抓捕。经过讯问，龚三不得不交代了实情。原来龚三与新郎之间早有仇怨，他见仇人娶了美貌的新娘，更是妒火中烧。新婚当夜，新郎饿了，新娘为他做了一碗面。龚三寻机将蛇毒倒进面里，这样，一来可除去自己的眼中钉，二来又有人顶罪，可谓一举两得。事后，龚三将装蛇毒的瓶子扔进鱼塘里了。

中国传统社会向来重视口供的采集，但是断案却不能轻信口供，即使嫌犯招供也要查出证据。本案中，前任知县刑讯逼供，得到口供后又不查找证据，险些酿成冤案。

嘉熙二年（公元1238年），宋慈被调任南剑州通判。

当时，南剑州发生旱灾，庄稼颗粒无收，民不聊生。然而一些豪强却乘机囤积粮食，准备牟取暴利，这使得人民生活更加凄惨。宋慈为解百姓疾苦，提出了一个"济粜法"，对富豪进行限制。这一方案很快得到朝廷的支持。于是宋慈开始推行此法，灾情渐渐有所好转。

然而，在推行"济粜法"过程中却发生了这样一起案件。

宰相李宗勉有个小舅子叫杜贯成，是本地富豪之一。此人心狠手辣，贪得无厌，私下里借着宰相李宗勉的名号横行乡里，鱼肉百姓。如今看到旱灾导致米价上涨，杜贯成认为有机可乘。狡猾的他并未顶风而上，而是以修整房屋、开挖水池为名私下找来一些工匠，在家中修建秘密粮仓。待粮仓修好后，杜贯成担心这些工匠走漏风声，引起官府查办。他竟狠心将这些工匠全部杀害，然后放火毁尸灭迹，将现场伪装成工匠们不小心引发火灾的模样。

案发后，宋慈立即赶到了现场，现场早已挤满了人。看到那些面目全非的尸体，工匠的亲属哭声凄惨，纷纷跪求宋慈为他们伸冤。宋慈随即安抚了民众。

等人群退下后，宋慈命令下属处理现场，他亲自勘验。细心的宋慈发现屋内的尸体虽然散乱地躺在地上，却都有一个共同点——并没有向外奔逃的痕迹。发生火灾后怎么会不逃呢？宋慈心下生疑，命令仵作检验死者的口鼻。仵作报告，所有死者的口鼻中都干干净净，没有烟灰。宋慈立即下令，将杜贯成逮捕入狱。

公堂之上，宋慈提审杜贯成。杜贯成自以为做得天衣无缝，一口咬定工匠死于火灾。宋慈马上揭穿了他的谎言："照理，活人见着火必然往门外冲，烟熏倒地，头也一定朝向屋外。而从现场来看，死者的头是朝向屋内的，这是为何？死于大火的人刚倒下时仍能呼吸，口鼻里必然有烟灰。可仵作检验，死者的口鼻之中并没有烟灰，你又如何解释？"说罢，他猛地一拍惊堂木，厉声道："这是因为他们早已被你杀死，此乃死后焚尸！"

杜贯成心底不由得暗叫不好，但仍强自死撑着说："我是当朝宰相的小舅子，你敢奈我何？也不怕丢了乌纱帽。"

听到这话，周围人都不知如何是好，宋慈却冷笑一声，说道："君子坦荡荡，小人长戚戚。我既没有做下违法之事，又有什么可担心的。"他顶住多方压力，将杜贯成绳之以法。

杜家人自然不会善罢甘休，多方走动想要给宋慈一个教训。好在李宗勉是位"公清之相"，并未听从杜家一家之言。他获悉详情后，不但未责备宋慈，反而奏请皇帝将他提为提刑官。

当上提刑官之后，宋慈为了"洗冤泽物"，让断案官员和仵作掌握勘验技术和方法，决定给他们写一本办案的参考书。他遍览古籍，搜寻其中的法医学资料，并结合自己的经验，用三年时间著成《洗冤集录》。

令他没有想到的是，这本参考书写得太好了，广受欢迎。不仅如此，当时的皇帝宋理宗还下令刊行，推广到全国。自此以后，《洗冤集录》就成为刑狱官员的必备用书，书中所载条目被奉为金科玉律，其权威性甚至超过朝廷所颁布的有关法律条文，对我国封建社会晚期的法律文化产生了重大而深远的影响。后人刻碑称赞他："业绩垂千古，洗冤传五洲。"

《资治通鉴》中说："君子挟才以为善。"宋慈虽有高才，却一生致力于匡扶正义，使真相大白于天下。他求真求实，一心为民，他的著作和故事让后人敬仰学习，受益匪浅。而他洗雪冤屈、惠泽万民的君子之风也必将代代流传，为后人所铭记。

赵传敏

29　丹心不悔

——文天祥篇

丹心无悔报国忠，视死如归不与同。

新贵权当如粪土，浩然正气耀长空。

(北京　马立)

这一年，刚满十六岁的文天祥，跟随父亲去参观庐陵学宫的先贤堂。父亲指着大厅中悬挂的一幅幅画像，向他讲述了先贤们抗击金国的英雄事迹。文天祥听得入神，父亲对他说："如今国家又面临灾难，你要见贤思齐啊！"文天祥向着先贤画像拜了几拜，说："我今后也要向你们那样做人，不然，就算不上男子汉大丈夫！"几十年后，先贤堂中又增加了一幅新的画像，画中之人便是文天祥。

文天祥，出生于庐陵，二十岁便考中了进士。

南宋末年，朝廷昏聩，政治腐败，内忧外患不断。文天祥身处其中，却洁身自好，立志振兴国家。

咸淳十年（公元 1274 年）冬，元朝二十万大军南下，企图一举攻占南宋疆土，一路势如破竹。

正在江西赣州担任知州的文天祥接到诏书，诏书任命他为江南西路提刑安抚史，命他率军驰援京师。文天祥立即开始聚兵集粮，准备去临安勤王。

有朋友劝他："如今元军势不可当，你率领几万残兵剩卒前去迎战,这跟驱使一群羊与猛虎搏斗有什么两样?"

文天祥坚定地说:"我也知道你说的很有道理,但国家养育臣民三百年,现在遇到了危难,要征召天下兵马,居然没有一兵一马响应,怎不让人痛心?所以我才想尽些绵薄之力。只要能够号召天下的忠臣义士都来保家卫国,我这点牺牲又算得了什么?只有这样,国家社稷才有可能保全啊!"

但是元军很快兵临临安城下,南宋朝廷求和不成,只好向元军投降。五岁的小皇帝赵㬎被封为瀛国公。文天祥逃了出来,继续组织力量抗元,被流浪在外的端宗皇帝拜为右丞相。

元军对南宋残余势力穷追猛打,文天祥屡败屡战。

一天,文天祥领军到达五岭坡。他看了看阴沉的天空,又回头望了望灰头土脸的士卒们,下令休息,让大家填饱肚子再赶路。

天空愈发阴沉,寒风也刮得越来越紧,文天祥裹紧身上的衣服,拿起碗筷准备吃饭。就在这时,一个士卒慌慌张张地跑过来,嘴里喊着:"不好了!不好了!元军打过来了!"文天祥一听,立即扔下筷子,组织士兵抵抗。然而元军来势汹汹,宋军很快就被冲散。文天祥见情况不妙,带着几个随从想抄小路离开,最后还是被元军抓住了。

文天祥不愿沦为俘虏,当即吞了冰片想要自杀,却没有死成。

随后,文天祥被押去见元军主帅张弘范。张弘范以接待宾客的礼节接见文天祥,他对文天祥说:"如果你写信招降其他将领,我就能保你下半生衣食无忧。"文天祥淡然说道:"我不能保卫父母,还教别人叛离父母,天下还有这样的道理吗?"张弘范并没有放弃，不断逼迫文天祥投降。文天祥不堪其扰，挥笔写下了《过零丁洋》一诗来表明心迹，诗中有这样两句："人生自古谁无死？留取丹心照汗青。"张弘范看后并没有生气，反而觉得他颇有气节，并收藏了这首诗。

祥兴二年（公元1279年），退守广东崖山的宋军与元军进行了最后的决战。大战持续了一天一夜，最后南宋军队全面溃败。

文天祥站在元军战船上，亲眼目睹了年幼的皇帝和群臣跳海殉国的悲壮场面。他心里异常激动，一跃而起直奔船头也要跳海，却被元兵抱住，只能望着无尽的大海痛心疾首。

崖山一战后，张弘范对文天祥说："丞相的忠心孝义都尽到了，若能改变态度，像侍奉宋朝那样侍奉大元皇上，将不会失去你现有的丞相位置。"文天祥泪眼婆娑地说："国亡不能救，作为臣子，死不足惜，怎敢怀有二心苟且偷生呢？"张弘范被他的忠义所感动，派人护送文天祥到京师。

元世祖忽必烈听闻这个消息，非常高兴。他正苦于无处搜寻有才之士，当即大手一挥，把文天祥安置在豪华的会同馆内，以上宾之礼待之。文天祥明白，自己是南宋最后一杆旗了，若是自己投降了，南边的人们怕是再也没有抵抗元朝的心思了，南宋也将不复存在。所以他拒绝了一切供应，向南而坐，表示自己不会向北方的元朝屈服。

元朝的劝降开始了。

第一个出马的是留梦炎。此人和文天祥一样，都曾是南宋的状元，后来官至右丞相。元军打到临安，他竟然弃位遁去，后来投降元朝。

留梦炎企图以昔日同僚之情感化文天祥。殊不知，文天祥最瞧不起的就是他这样没有骨气、弃国家大义于不顾的人。他很不客气地斥责了留梦炎,直骂得对方面色涨红,哑口无言,最后只得灰溜溜地离开。

元人不死心,又派来了瀛国公赵㬎。

此时的赵㬎只是个十来岁的少年,面对这位大宋忠臣,他只觉得惴惴不安,竟说不出什么劝降的话。反倒是文天祥一见面就以君臣之礼相待,弄得他满面尴尬,只得讪讪地离开了。

最后出场的是元朝的平章政事阿合马。

此人自恃忽必烈的器重,权倾朝野,非常高傲。他摆着十分豪华的排场进了驿馆,一进门便扯着嗓子,叫人把文天祥带过来问话。文天祥见了阿合马,只作了个揖,便直起了身子,自顾自地坐在阿合马对面,十分平静地与其对视。

阿合马强按着怒气问:"你认识我吗?"文天祥不以为意地答道:"刚才听人说是宰相要来。"

"你既然知道我是宰相,为什么不下跪?"阿合马怒意更盛。

"宋朝丞相见元朝宰相,我凭什么下跪?"文天祥毫不退让地盯着阿合马。

"那你怎么到这里来了?"阿合马一挑眉,眼中嘲讽之意甚浓。

"若我早为丞相,那么北人便到不了南方,宋朝也就不至于投降。"文天祥说道,神色有些黯然。

阿合马示意文天祥环顾左右,威胁道:"你还嘴硬!现在你的生死都由我掌握!"

文天祥毫不畏惧,淡然说道:"亡国的人,要杀就杀,说什么由你不由你!"

阿合马见奈何他不得，只好起身离去，劝降的话，竟然一句也未说出口。

见文天祥如此"不识时务"，元人决定变换手段，将他囚禁在一间土牢里。

囚室条件很差，蛇虫鼠蚁自不必说，每遇暴雨，牢房的地面就满是积水。即使是这样艰苦的条件，也丝毫不能动摇文天祥的意志。难友们问文天祥，为何能如此从容镇定。文天祥回答说："这是浩然正气，使我受到种种挫折而不会变心易志！"

不久，忽必烈又想起了文天祥。他爱惜文天祥的才干，又感念他忠于宋廷的坚毅之心，于是便决定亲自劝降文天祥。

文天祥见了忽必烈，仍是长揖而不跪。左右武士对他怒目而视，用金锤敲击他的双膝，令他跪下，但文天祥依然挺立不动。忽必烈见状，挥了挥手，示意左右退下。

忽必烈看着文天祥，笑着说："我想让你当宰相，帮助我治理天下，你觉得怎么样？"

文天祥直视忽必烈，铿锵有力地说道："我是大宋的丞相！现在宋朝灭了，我便只求一死！"

这一年的冬天，文天祥走出牢狱。他如释重负地对狱卒说："吾事已了。"随后，他昂首挺胸地走过街市，来到刑场，没有一丝畏惧。

就要行刑了，文天祥忽然问道："哪边是南边？"有人给他指了方位，文天祥朝南方跪下，拜了三拜，说道："臣报国到这里了！"然后坦然赴死。围观之人无不掩面叹息。

孟子说："富贵不能淫，贫贱不能移，威武不能屈，此之谓大丈夫。"文天祥面对敌人的利诱不为所动，面对敌人的折磨亦淡定从容、忠心不改,与那些投降叛敌之人形成了鲜明对比。他胸有国家大义,怀有民族气节,在敌人的刀剑面前宁死不屈,将自己的爱国情怀传于天地之间,受到后人的景仰。

鲍星星

30 浩然正气

——张养浩篇

但张浩气振乾坤，民族和谐是本真。
半鼎劫灰元数尽，应行蒙汉一家亲。

（广东　孙忠凯）

张养浩七岁的时候，有一次出门，发现路边有一沓钱钞。他捡起钱钞，一时间不知该如何处理。失主想必早已走远，不明去向。张养浩年纪虽小，德行却很高，他想："君子爱财取之有道，这种不义之财定不能要。这里人迹罕至，一路走来都不曾遇见什么人，那么失主一定就在前方。"果然，那人在前方已经走得很远了，张养浩追了很久才追上，把钱还给了他。

张养浩，字希孟，是元代著名的政治家、文学家。张养浩的名和字取自孟子和他的名言"我善养吾浩然之气"，寄托了家人对他学习先哲、修身安国的殷切期望。

三十五岁时，张养浩被任命为堂邑县尹。还没上任，他便听说堂邑县民生凋敝，百姓的生活苦不堪言，而且据说县官住的房子很不吉利，之前的多任县尹都离奇死亡。朋友们劝他不要前去，张养浩却一笑置之，收拾好东西坦然赴任。

到了县城，张养浩感到很疑惑。青天白日，城里许多商铺却不做生意，关门歇业。道路上行人稀少，十分萧条。

张养浩住进县衙，调取以往卷宗查阅。他发现，堂邑这个小地方竟然恶性案件频发，而卷宗里却轻描淡写，许多案件都是草草结案。这是怎么回事呢？于是，他微服私访。数月下来，调查到的真相让人触目惊心。

原来城中有一个叫李虎的人，养着一院家丁。他勾结当地官员富绅，巧取豪夺，向各商家收取保护费。官员若是查问，便会"离奇"死亡；商户若是不从，他们便毁人店铺，砸人招牌。一番折腾下来，许多店家关张歇业，县衙也成了"不祥之地"。官员们不敢得罪这个拉帮结派、为害一方的恶霸，只得对他做的事情睁一只眼闭一只眼。

张养浩这下明白了，百姓过得艰难，原因不是天灾，竟是人祸！一日不除李虎，堂邑县就一日不得安宁。于是，他命人暗中收集罪证。等到证据齐全，他马上下令抓捕李虎。贼人被斩首示众，百姓无不拍手称快。

不过，在堂邑县为害的，除了李虎一众恶徒，还有一种叫"朔望参"的制度。

当时，元朝统治者将百姓分成不同等级，蒙古人地位最高，汉人的地位很是卑微。朔望参制度要求有过犯罪前科的汉人须在每月初一、十五去往县衙，跪在门口，接受官员的讯问。站在台上讯问的官员多为蒙古人，对犯罪的汉人往往肆意侮辱。张养浩知道后，摇摇头说："人非圣贤，孰能无过。更何况，很多百姓是迫于无奈才去作奸犯科。既然悔过自新，又让他们定期参拜，岂不是还把他们当作犯人？"于是他力排众议，废除了朔望参制度。

张养浩在堂邑为官的几年间，平等地对待百姓，敢于大刀阔斧地废除不合理的制度，整肃吏治，给当地百姓带来了许多实实在在的好处。他还将自己的为政经验写成《牧民忠告》一书，劝诚年轻官吏勤政爱民。百姓们感激张养浩的德政,相互告诫说:"今后绝不做对不起张公的事。"在他当政的三年间,堂邑百姓安居乐业,民风纯正。

可就是这样一位清正爱民的好官,却因屡次抨击时政、致力除去宿弊,受到权贵们的打击。无奈之下,张养浩只好辞去官职,归隐山水。他在济南的大明湖畔建造了一所宅邸,与知己好友泛舟饮酒,唱曲吟诗,过着神仙般的悠闲生活,写下了许多脍炙人口的散曲作品。

朝廷很爱惜张养浩的才干,曾六次下诏征用,然而张养浩却似乎醉心于田园风光,丝毫不为所动。正当人们以为张养浩会与山水相伴终老时,他却毫不犹豫地接受了朝廷的第七次征召。

为什么呢?原来当时关中大旱,饥民相食,朝廷召他前往赈灾。此时的张养浩已年近六旬,却牢记孟子"达则兼济天下"的名言,要为灾民们做些事情。

临行前,年迈的母亲拉着他的手说:"我都快八十岁了,你的年纪也大了,此别之后,恐怕就再也不能见面了吧。"张养浩不禁为之垂泪,一面是年迈的母亲,需要自己奉养,一面是成千上万的灾民,需要自己去赈济,他内心无比矛盾。然而自古忠孝难以两全,张养浩最终还是以国事为重。安顿好母亲后,他便义无反顾地上路了。

路过潼关时,凄惨的灾荒景象让张养浩心情沉重。他想到,潼关百姓曾因朝代更迭,饱受战乱之苦,如今饥荒年景,民众也不能安居乐业,不禁脱口而出道:"兴,百姓苦!亡,百姓苦!"

到了华山,那里大旱许久,土地龟裂,寸草不生,饿殍遍野。张养浩心痛不已,马上下车,虔诚地走到西岳庙,哭拜在地上乞求降雨。一连祭拜三日，向上天求雨。第四天天空竟忽然阴云密布，一连下了两天的雨。百姓都说，是张养浩的诚心感动了上天。

到达任所后，张养浩微服访察民情。他见老百姓吃的粮食都是掺了砂石的稀薄米粥，非常奇怪。一番查问下，才了解个中缘由。原来，朝廷下发的粮食和赈灾钱款只有少数到了灾民手里，大部分却被各层官吏盘剥了去。不仅如此，当地官商更是相互勾结，压榨百姓。百姓拿钱钞买粮，商家借口票面上的字迹模糊就不收用，要他们拿到官家的府库去调换。而贪官污吏便趁机压榨百姓，十贯钱到了府库只能换五贯，还时常多日都换不到。老百姓求诉无门，处境非常艰难。

张养浩立即着手应对，严惩了一批贪官和奸商。随后，他写了一封奏折上奏天子，陈述朝中官吏如何相互勾结贪污，各级官员如何层层盘剥赈灾物资的情况。皇帝知晓后震怒，下令查处了一批贪官污吏。此后，赈灾物资再没被克扣盘剥，最终让灾民渡过了难关。

在赈灾的四个月里，张养浩因为公务繁忙一直住在府衙。终日的劳累终于压垮了他的身体，他一病不起，延医无效，不幸病逝。张养浩死时，正好六十岁。消息传出，关中的百姓都像失去了自己亲人一样哀伤不已。

"幼而学，壮而行。上致君，下泽民。"无论是坦途还是低谷，张养浩都堂堂正正做人，坦坦荡荡行事。穷则独善其身，达则兼济天下，爱国爱民之心，不会因为年迈而改变，也不会因为前路坎坷而放弃。上不负于国，下不负于民，张养浩用实际行动诠释了什么是君子的"浩然正气"。

赵传敏

31 大儒纯臣

——宋濂篇

忠勤诚敬自躬亲,开国鸿儒正立身。
事政文辞多建树,丹青千载颂名臣。

（北京　崔惠斌）

　　明朝初年,一位高官在自家门上写下了一副对联:宁可忍饿而死,不可苟利而生。他把这句话当成箴言,时刻警醒着自己。一次,日本使臣奉命向他求取一篇文章,还带了一百两黄金送给他,他却坚辞不受。明太祖朱元璋听说了这件事情,十分吃惊,询问他:"人家送你黄金,为什么推辞不受呢?"他回答说:"我是天朝的侍臣,接受蛮夷小国的金钱,并不是维护国体的做法。"

　　这位清廉的高官正是本篇故事的主人公——宋濂。宋濂,字景濂,号潜溪,是明初著名的政治家、文学家和史学家,被朱元璋誉为"开国文臣之首"。

　　宋濂出生在元朝末年,从小就十分聪慧,九岁便能作得一手好诗,人们都称他为"神童"。但他却从不沾沾自喜,反而更加刻苦学习。

　　宋濂十五岁时,因博闻强记而闻名。有一次,受邀到一位名叫张继之的人家中做客。堂上,张继之问宋濂说:"听说你善于记忆,那你多少天能背下四书经传呢?"宋濂回答说:"只要一周即可。"张继之笑了,成年人尚需要几个月才能背下的典籍,一个孩子怎么可能只需要一周？为了考考宋濂，他随机抽取了杂书、稗记等要求宋濂背诵。宋濂果然一字不漏地背了下来。张继之惊异不已，立马起身向宋濂的父亲说道："这个孩子天分非凡。你让他跟随名师学习，学成以后，必成大器。"

"立身以立学为先，立学以读书为本"，虽然宋濂从小就非常喜欢读书，但他家境贫寒，只能四处借书。为了让自己永久地看到借来的书，又不常常麻烦别人，他便想了一个办法，把借来的书全部抄写保存下来，原书则按时奉还。所以很多人都愿意把书借给他，宋濂也因此积累了很多知识。

元朝末年，社会动荡，年少成名的宋濂，虽然学识渊博，但也经历了种种波折，寻找不到一个读书人应有的出路。因此，他一度避难到山里做了道士。

后来，朱元璋建立大明王朝，在听闻宋濂的才气和品行后，力邀他出山。经过一番思考，宋濂决定发挥自己的才能，在大明朝初建、百废待兴的情况下，为新朝效力。最初，宋濂受命讲学，后来又成了太子的老师，最后更是制定了明朝的国子监制度和科举考试规则。明朝的科考规则降低了门槛，给了许多读书人入仕报国的机会。

宋濂在政治上也有卓越的贡献。朱元璋出身贫贱，对于为君之道并不通透。于是，宋濂便常常借题发挥，抓住具体事情来劝谏，又针对帝王的心思特点因势利导，诱其向善。他用民本思想辅助朱元璋解决人心向背、国家治乱等问题，让朱元璋明了欲求国安、必先安民的道理。

一次，朱元璋率领随从去郊外祭祀。一群人走在路上，朱元璋突然感觉心神不宁，不由得眉头紧皱。身边的侍从和太医见此情景,连忙近身服侍诊治。一会之后,朱元璋神色渐缓,一旁的宋濂从容上前说道:"圣上,修养身心,没有什么比清心寡欲更好的了。只要您能慎重行动,心灵自然就会清净,身体也就会安康了。"宋濂讲了"清心"可以"身泰"这一层意思;另一层意思,即只有"清心",才能治理好国家。这层深意,虽然宋濂没有说出口,但朱元璋却听了出来。于是,朱元璋便以"清心"要求自己,内心也更加敬佩宋濂了。

作为一名臣子,宋濂在朱元璋面前陈说事情时,质朴无隐,忠心耿耿。

一个天气晴好的日子,宋濂设宴请朋友们来家里欢聚。朱元璋偶然听到这件事,忽然想到:"宋濂,这个宋濂……他对我是不是真的像表面上看起来那么忠心耿耿呢?"于是,朱元璋马上秘密地安排身边的人去察看。那人偷偷地记下了宋濂和朋友们玩乐的全过程,然后回宫将宴会的细节一五一十地向朱元璋禀报。

第二天,朱元璋见到了宋濂就故意问他说:"爱卿,你昨天在家里做什么?"宋濂一愣,连忙拱手回答说:"臣昨日在家中宴请几位好友。"朱元璋听了,不置可否,又接着问:"那宴会之上你们做了什么?"宋濂恭敬地答道:"饮酒作诗。"还顺便讲了宴会中的一些趣事。朱元璋见宋濂没有丝毫隐瞒,全部据实回答,很是满意。他笑着说:"确实如此,你呀,没有因为要隐瞒自己的言行而想要欺骗我,很好!"朱元璋因此更加器重宋濂,朝政要事常常会咨询他的意见。

有一次,主事茹太素上了篇一万多字的奏章。朱元璋看着这长篇大论很不耐烦,便询问朝中的大臣:"你们觉得茹太素的奏章写得怎么样?"有些大臣察言观色,看出了皇帝的不满,于是不管三七二十一对奏章一顿数落。可宋濂却站了出来说:"陛下,茹大人写下一万多字的奏章,是对陛下尽忠而已。况且陛下您正广开言路,这奏章上所奏条文,您更应仔细批阅,又怎么能够重责他呢?"朱元璋听罢,深觉有理。下朝后,朱元璋认真阅看了茹太素的奏章,发现里面有很多值得采纳的建议。第二天上朝,他拿着奏章称赞宋濂说:"要是没有景濂,我就错怪了这个实言进谏的人啊,也就错失了这么多的良策啊!"

宋濂原本是一个非常潇洒的人,一位朋友曾经说他"生性疏旷,不喜整理"。据说,他常常和朋友们一起观赏梅花,以至好多天都不回家。但自从步入仕途后,宋濂就再也没有了以往的自由和洒脱。明朝建立后,思想、政治和文化建设上的一系列重任都落在了宋濂等人的肩上。而宋濂作为"开国文臣之首",身上的担子比一般人都重,所以他便全身心投入,再也"疏旷"不起来了。

宋濂一生品行端正,没有犯过什么大错,却在老年时卷入了一桩政治案件,被株连充军。

充军路上,艰难重重,年迈的宋濂终究承受不住,病倒了。路过夔州时,他的病情愈加严重了。然而,他对自己遭受的不公,没有一点抱怨,甚至在生命的最后一刻,也依然要一身正气,恭恭敬敬地离开这个世界。一天,他从病床上下来,在家人的搀扶下洗漱整理,然后坐到椅子上,正坐敛手而逝。消息传来,夔州的官员们也不管他是不是罪臣身份,全都前来哭祭,表达自己的哀思。

《礼记·大学》中说:"所谓诚其意者,毋自欺也……故君子必慎其独也。"就是说做人不要自欺欺人。宋濂为国之重臣,以文化人，以言谏君，贡献自己在文学、政治上的见解。他一生坦坦荡荡，公正谨慎，人前不言温树，人后不语是非。忠勤为官，诚敬为臣，谨慎处世，坦荡立身，宋濂的故事让后人津津乐道，他的君子言行也让后人仰慕学习。

赵新新

32 此心光明

——王阳明篇

悟道修心励志强,武功文治献朝纲。
生年无畏名身退,明月如君百世芳。

（河北　李晓群）

一个仲夏夜,乌云翻卷风雨欲来,云间闪电时隐时现。此时,在贵州城外的阳明洞中赫然摆放着一具石棺,棺内躺着一名男子。忽然,一道闪电划破天际直劈下来,霎时间雷声四起,滚滚而至,大雨倾盆落下。就在此时,棺内的男子大叫一声坐了起来,脸上是一副大彻大悟的神情。他长啸一声道："圣人之道,吾性自足,向之求理于事物者误也！"

这便是历史上著名的"龙场悟道",悟道之人正是王阳明。他针对朱熹的理学,提出"圣人之道"在于内心,而非求理的主张,开创了对后世影响深远的心学体系。张岱曾评价说："阳明先生创良知之说,为暗室一炬。"

王阳明生而聪慧不凡,但直到十二岁时才正式就读书塾。塾师问他："天下最要紧之事究竟是什么？"王阳明回答说："科举并非第一等要紧事,天下最要紧的事是读书做一个圣贤。"可见,少年时的王阳明便已经展露了与众不同的一面。面对大明王朝内忧外患的局面,他立志成为一代圣贤,修习骑射、研读兵书,甚至还私出居庸关实地考察边境情况。

但是究竟怎样才能成为圣贤呢？他一直感到迷茫，并努力思索。十八岁那年，王阳明携夫人回老家，途经上饶时，他听说理学大师娄谅正在此处讲学，于是便弃舟登岸拜见娄谅。

娄谅指点王阳明说："圣人是可以通过后天的努力达成的。"王阳明又问娄谅自己努力学习，是否就是成圣之道。娄谅摇了摇头道："非也。齐家、治国、平天下，这些不过是外王之道。只有做到内圣，也就是修身养德，如此才能外王。你如果不能做到内圣，那外在的一切都是不切实际的！"王阳明似有所悟，于是继续追问道："要如何才能达到内圣呢？"娄谅答道："唯有格物致知，即推究事物的原理，从中获得知识。"这几句话点醒了王阳明，他立刻带着夫人回了老家，专心致志研究理学。

有一次，王阳明决定亲身实践"格物致知"之法。于是，他一头钻进家中的竹林，对着竹子整整"格"了七天七夜。当然，他什么都没"格"出来，还大病了一场。这次实践，让他对理学的求圣途径产生了怀疑。于是，他决心求取仕途，通过"入世"来体悟成圣之道。

王阳明开始了他跌宕的宦海生涯。初入官场，他因为直言正谏，触怒了当时掌权的宦官刘瑾，被关进诏狱。从诏狱出来后，王阳明又被贬到龙场当驿丞。"青青岁寒后，乃知君子心。"在蛇虺魍魉、蛊毒瘴疠的龙场，王阳明九死一生。龙场悟道之后，王阳明摆脱了理学的束缚，建立起心学体系。之后，他在龙场建立龙岗书院，讲学著述，传播"心外无物，心即理也"的心学思想。

不久，王阳明被调到庐陵任知县。上任第一天，他便遇到了非同寻常的考验。这天早上，县衙的门才刚刚打开，就有数千乡民蜂拥而入，号呼声惊天动地。王阳明一时不明所以，仔细询问之后才知道，乡民们是在乞求宽免葛布税。可是税收是由国家定的，并非知县可以擅自免去的。于是，王阳明召集相关人员了解具体情况。庐陵属吉安府治下，三年前，吉安府来了个姓王的太监做税监，他想出许多新奇的税目，大肆搜刮民脂民膏，葛布税就是其中之一。庐陵本不产葛布，却也要交葛布税，百姓苦不堪言。问明情况后，王阳明当机立断，免去了葛布税。

除了减免不合理的税收外，王阳明还推行了许多惠民政策。他发现当地人的房子是用木头建的，干旱时非常容易起火，而且因为街巷狭窄，火灾面积往往很大。于是，他教导乡民改变纯木式的房屋结构，又把巷道拉大，开出辟火巷，以减小发生火灾时的损失。之后，他还改革驿传、水运和安保，打击和杜绝当地迷信活动。当然，他也没有忘记通过传播心学来感化民众，教导他们"致良知"。

后来，王阳明被擢为都察院左金都御史，奉命任南赣一带巡抚。当地匪患严重，王阳明详细考察原因。原来，此地正好处在四省交界处，匪患一出，地方官员相互推诿，谁都不愿意出面剿匪，致使贼寇猖獗。了解原因之后，王阳明询问幕僚该如何处理。一位师爷对他说："大人为什么不像前任官员一样，调遣骁勇善战的广西狼兵来平定匪患呢？"王阳明听后，摇头道："不可，不可。狼兵虽然勇猛，但如果山贼躲起来，狼兵便抓不到山贼。如此，狼兵无法立功，他们就会屠杀平民来冒充。"既然狼兵有隐患，当地地方军队也腐败不堪，王阳明便决定自组新军剿匪。他在四省的军队里严格选拔，最后组成了一支约两千人的新军。随后，王阳明与部下商议作战计划。一位幕僚说："目前有四股匪盗势力,我们可以趁新军气势强而攻下最强的一支,亦可以攻下最弱的一支保证制胜来鼓舞士气,也可以攻打最近的一支减少长途跋涉造成的军力损耗。"王阳明一拍案桌道:"攻打最远的詹师富那一支!"众人听后不禁诧异,问道:"大人这是何必呢?这样劳师远征,不是伤敌一千自损八百吗?"王阳明摇头一笑,说:"兵者,诡道也。如果大家都是这么想的,那最强、最弱、最近的三支肯定有所提防,唯有最远的那支防备最少。"于是王阳明率领军队来到詹师富部附近。他不急不躁,先是调拨一部分较弱的兵力前去交锋,目的在于让詹师富掉以轻心,放松警惕。

一个月后,詹师富突然发现官军的面貌焕然一新,心知不妙,待要躲进山林,才惊觉后路均已被封死。原来就在这一个月的时间里,王阳明完成了对詹师富部的合围。最终,詹师富部被官军全歼。

匪患清除后,面对朝廷的表彰和众人的恭贺,王阳明却忧心忡忡地说道:"破山中贼易,破心中贼难啊!"王阳明认为,剿灭匪盗不过是治标,真正要消灭的是百姓和官员心中的"匪盗",这才算是治本!于是,他向朝廷申请新设三个县来安抚流民,让他们安居乐业。然后,王阳明在赣州城内重修濂溪书院,还亲自讲学,来教化引导百姓。

嘉靖七年,王阳明向朝廷告老返乡,随后他乘船回乡。一天清晨,天刚蒙蒙亮,王阳明正襟而坐,将弟子叫入船内。弟子见老师气色不错,心中大喜,谁知王阳明却说了一句"吾去矣"。弟子泪如雨下,强忍着悲痛问老师还有什么嘱托。王阳明淡淡一笑,说道:"此心光明,亦复何言!"说罢,含笑而逝。两岸百姓听闻噩耗,无不痛哭流涕,都穿着麻衣哭送阳明先生。

子曰"君子上达",就是说君子要修养德性,通达仁义。王阳明这一生内修心学,救世济民,泽被苍生,致力于立德、立功、立言,遂成三不朽的一代圣人。奸佞当道,他不会为了官运而与之同流合污;匪盗横行,他只身赴险,为万世开太平。如此光明磊落的君子风范,今天依旧如明月一般,普照大地。

姜雪涵

33　甘草阁老

——徐阶篇

处事圆通算是高，行冰恐履慎丝毫。
时机把握除奸党，保得明家霸业牢。

（山东　王志刚）

明朝嘉靖二年的一天，大权在握的大学士张敬孚召集众位官员商议，想降低祭祀孔子的标准。大臣们碍于张大人的权势，都不敢说话。这时，刚做官不久的徐阶站了出来，他言辞激烈，据理力争，坚决反对。张敬孚气极，大怒道："你竟敢背叛我！"此话一出，刚刚还争得面红耳赤的徐阶突然冷静下来，冷冷地说道："背叛源于依附，我既没有依附你，又何来背叛一说？"在场的人都感慨这位年轻官员的勇气。但勇气抵不过权势，不久徐阶被贬，离开了京城。

徐阶，字子升，早年号少湖，后改号存斋。他曾在嘉靖后期至隆庆年间任内阁首辅，深受嘉靖皇帝的信任。

徐阶因触怒张敬孚被贬至延平府。延平偏远多山，民生艰难。徐阶尽职尽责，审理冤案，将三百多名无辜者放出大牢。他创立社学，将为蛊惑人心而滥建的祠堂尽数捣毁。

早年的他接受心学，心里铭记着知行合一。但后来他却发现，仅靠圣人之学是无法约束大多数人的。他在延平府做基层工作的时候，遇到重重阻力，官匪勾结，官官相护，有时让他毫无办法。

究竟是什么可以驱使大多数人做事，又是什么可以约束着他们？徐阶明白了，是利益。徐阶知道，要妥协，要变通，要拿出切合实际的行动才能有所成效。他认为，只有经历了种种不堪与黑暗，并依旧能保持本心，心怀光明地前进，才是真正的勇士。

思想转变了的徐阶不再年轻气盛。当时的首辅夏言很欣赏徐阶，在他的帮助下，徐阶再度回到了京城。

不久巨变发生。严嵩施展手段，将夏言赶下了首辅之位。自此之后，严嵩依仗权势，为祸朝野。一位为夏言讲话的大臣被罚了一年的俸禄，其他人大都选择了沉默，而徐阶也选择了沉默。他明白，为夏言上书求情，只会换来严嵩的打击报复，对夏言来说并没有半点益处。唯有蛰伏下来，等待合适的时机，才能做最正确有用的事情。

夏言的离去给徐阶带来了不小的压力。没有了靠山，徐阶举步维艰，很快被降职为翰林。

严嵩一开始就看徐阶不顺眼，觉得他日后肯定是个威胁，所以常在皇帝身边说徐阶的坏话。这让徐阶的处境一度十分危险。徐阶认识到：自己势单力薄，还不足以与严嵩抗衡，唯有先想办法稳住严嵩。所以徐阶事事顺着严嵩，甚至为了示好严嵩，将自己的孙女嫁给了严嵩的孙子。这些举动终于使严嵩放松了警惕。徐阶也得以隐藏起来，等待时机。他平时安安分分工作，工作之余就研究青词。青词是道教里献给上天的文章，要求形式工整、文字华丽。嘉靖皇帝信奉道教，也喜欢擅写青词的人。通过这条路径，徐阶获得了嘉靖皇帝的青睐，在朝中的地位也逐渐提高。

后来，徐阶进了内阁，成为严嵩的副手，但他仍然在等待一个机会。然而这一等就是二十几年，徐阶的一个学生质问老师，问他是否忘记了夏言的离去，徐阶平淡地回答道："我没有忘，也不敢忘。"

严嵩仗着权势，不断铲除朝中反对自己的人。轻者去之，重者死之。徐阶为了不引起严嵩的疑心，一直事事顺应。终于有一次，一场大火告诉他时机到了。

嘉靖皇帝居住的宫殿发生火灾，他只得暂时住到别处。但是那地方太小，嘉靖皇帝便想营建一座新宫殿。他问严嵩，严嵩委婉地表示反对。嘉靖皇帝有些不高兴，又去问徐阶。徐阶猜透了嘉靖皇帝的心思，建议用被烧毁宫殿的剩余材料营建一座新的宫殿。嘉靖皇帝很满意，便授命徐阶主持建造新殿。

徐阶知道，这件小事是严嵩失去嘉靖皇帝信任的信号。时机终于到了，他迅速制订计划，准备实现他等待已久的目标。徐阶让下属拟了一份弹劾的奏疏。不过，这奏疏弹劾的不是严嵩，而是严嵩的儿子严世蕃。下属十分不解，徐阶笑着解释说："当今圣上不再相信严相，可毕竟还有情分在。若是上书弹劾，想来皇上也不会严惩。可那严世蕃就不一样了。如今，我们'抛砖引玉'，方能真正扳倒严嵩。"果然，皇帝很快下令逮捕严世蕃，勒令严嵩下位。徐阶顺理成章成了首辅。

嘉靖四十一年，严嵩走了，但他留下了一个充满问题的朝廷。徐阶大力革除弊政，实施了一系列措施。他举荐高拱、张居正等有识之士进入内阁，营救因上疏指责嘉靖皇帝过失而被定死罪的海瑞。他下令清理盐税，上疏将已故景王霸占的万顷良田归还百姓，还废除了朝中的许多浪费项目，尤其是嘉靖皇帝信奉道教的那些开支。徐阶的这些措施得到了朝野上下的大力拥护，人们称他为"名相"。

主政之后，徐阶曾经给自己写了一幅条幅。条幅上写着：以威福还主上，以政务还诸司，以用舍刑赏还诸公论。徐阶明确地表示：我徐阶不是严嵩，不会把持大权，犯上作乱。他要拨乱反正，把权威和福祉归还皇帝，把政务归还政府各部门，把官员的任免与奖惩归还公论。而徐阶最令人称颂的举动，则是起草一份不符合皇帝意思的遗诏。

原来正德皇帝驾崩，因无子嗣，内阁便从皇族的下一代中推举朱厚熜即位，这就是嘉靖皇帝。内阁认为，新皇应明确与先皇的"父子"关系。嘉靖皇帝当然不愿意，由此发生争执，这就是有名的"大礼议之争"。结果，嘉靖皇帝以残酷的手段对待反对他的群臣，制造了一系列冤案。

嘉靖皇帝死后，徐阶负责起草遗诏。在这份遗诏中，他将之前因反对嘉靖而获罪的大臣全部平反，存者招用，死者优恤。诏书颁布那天，大臣们感激涕零。这份正义虽然迟到，却依旧来到，徐阶以实际行动又一次证明了，不言不语不代表着遗忘。

有人说，徐阶是一代名相，他扳倒严嵩，扫除弊政。有人说，徐阶容悦顺从，只是一位"甘草阁老"，就如同中药中的甘草为中性，起调和诸药的作用，本身却不发挥多大功效。

从昔日与张敬孚争辩"叛生于附。阶未尝附公，何得言叛"的年轻官员，到后来器量逐渐深沉、不失底线的内阁首辅，徐阶举才容人，知行合一，无论他人如何评论，他始终明白"君子之心，可大可小；丈夫之志，能屈能伸"。而徐阶心怀天下，也志在天下。

朱若楠

34 梅岭忠魂

——史可法篇

> 髫年聪慧栋梁才，乱世登科遍地灾。
> 自古忠良求报国，甘抛热血洒尘埃。

（山东 韩卫华）

明朝的时候，在顺天府大兴有一家史姓大户。据说，史家先祖曾留下"吾家必盛"这样一句话，预言后代中一定会出一个了不起的大人物。一天晚上，儿媳尹氏在睡梦中，梦到文天祥走进了自己的房间。醒来后，尹氏觉得不可思议，便将梦里的情形告诉了家人。家人觉得这是个好兆头，猜想尹氏一定会生下一个文武双全的男孩。不久后，尹氏生产，果然是一名男婴。史家人甚是喜悦，期盼着他能光宗耀祖。

传说里的这个孩子，就是日后大名鼎鼎的史可法。他从小勤奋好学，才智过人，还是一名孝子。长大后，他是为百姓谋福的好官员，也是抗击清军的爱国将领，最终以身殉国。

史可法死后，既被他效忠的南明政权封谥号"忠靖"，也被他抵抗的清廷封谥号为"忠正"，成为历史上的一段佳话。但无论是哪个谥号，都含有鞠躬尽瘁之意，表明了他对明王朝的忠诚。

崇祯年间，史可法考取进士，走上了仕途。由于朝政腐败，灾荒连年，百姓苦不堪言，导致农民起义烽火遍地，而由满洲贵族建立的后金政权（崇祯六年后改称清）也从北方加紧了进攻，大明王朝内忧外患。

崇祯八年，陕西、河南两地农民起义军汇合，准备大举南下。朝廷上下恐慌不已，最后作出决议：派员赴皖，设防堵截。但是官员们惧怕农民军势大，不敢领任。史可法主动请缨，前往安徽池州、太平两地驻守。

在安徽围剿农民军期间，史可法"剿贼"无数。可他的内心却时常矛盾纠结：一方面，他要为朝廷效力，平定叛乱；另一方面，他又为深陷战争苦难中的百姓感到担忧。史可法写信给友人说："官军名义上打着围剿叛贼的旗号，实际上却是以掳掠、杀害百姓为快。"这样的官军怎能"平叛"？他于是下令，若是有敢扰害百姓的官兵，一律按军法严惩。这些举措缓和了官军与百姓的矛盾，史可法在百姓中树立了很高的威望。

农民起义连绵不绝，明朝军队四处征讨，边境地区武备空虚，给了清军可乘之机。崇祯十一年，清军南下，一口气攻破了六七十座州县，逼近王朝都城——北京。次年正月，清军改变作战路线，转而进攻山东等地。史可法听说敌情，心急如焚。他知道朝廷的财力有限，便立刻上缴自己的俸禄作军饷，还亲自带领二千多名将士赶往前线支援。等到了山东境内，他看见满目疮痍的破败景象，内心哀恸不已，悲叹道："百姓遭遇到这种战乱，骨肉离散，家破人亡，怎不让人痛心！"

崇祯十七年，李自成攻入北京，崇祯皇帝自缢。不久，清军大举入关，击败李自成，随即开始向各地进军，意图取代明王朝的统治。史可法得知崇祯帝驾崩的消息已是半个月后，他向北痛哭失声，以头撞柱，血从伤口涌了出来，一直流到脚上。但是大厦将倾,必须振作精神,收拾危局。当务之急,宜"先择君以定南都",必须尽快选出新的君主,这样才能安定民心。此时的他已是朝廷重臣,经过艰难选择,他决定带领众人拥立福王朱由崧。不久,福王在南京登基,建立了南明政权。由于在朝中深孚众望,史可法担任了首辅一职。他一上任,便提出两大复国方针政策:驱逐清军,收复中原;召天下名流,收国人之心。他的建议符合广大民众的要求,因而得到了不少人的支持。但是朝中大臣勾心斗角,争权夺利,政治日益腐败,史可法的主张不仅没有得到贯彻执行,他还逐渐被排挤出权力中心。

史可法于是请求统帅军队,外出镇守淮安、扬州两地。扬州地处京杭大运河和长江的交汇点,为南北交通枢纽,地理位置十分重要。史可法来到扬州,建立起了自己的督师机构,设立礼贤馆,广纳八方人才,很快把扬州变成抵御清军的桥头堡。

顺治二年,清军统帅多铎进兵扬州,城内百姓四处奔逃,昔日春风十里的扬州变成一座孤城。清军向史可法招降,遭到他严词拒绝。很快,清军兵临城下,史可法"檄各镇援兵,无一至者"。有些明军将领动摇了,他们打算劫持史可法,以扬州城投降清军。史可法发现了他们的阴谋,大义凛然地说:"这是我殉国的地方,你们打算做什么,如果想要富贵,请你们自便。"

几天后,清军运来当时的重炮——"红衣大炮",准备发起总攻。敌我实力悬殊,史可法早已预知到战争结果,便派人通告全城百姓:"若城破,敌方问罪,我一人承担,不连累百姓!"

不久,清军开始攻城。入夜,扬州城破。史可法欲拔剑自刎,却被众人拦住。一小队人马准备护送史可法离开,被清兵前后围堵。明军寡不敌众,史可法最终被俘。

史可法被押到多铎面前。多铎好言相劝，希望他能投降清军。史可法断然说道："我是大明臣子，怎可苟活！我头可断，身不可辱！"多铎见史可法誓死不降，便下令就地处决，连他的尸体也惨遭肢解。

清军占领扬州以后，多铎以不听招降为由，下令屠杀扬州百姓。屠杀持续了十天，史称"扬州十日"。在堆积如山的尸骨中，史可法的遗体已腐烂不可辨认。

一年后，义子史德威以袍笏招魂，将史可法衣冠葬于扬州城外梅花岭，并树了一块碑，上刻"明大司马史公之墓"。

"宁为兰摧玉折，不作萧敷艾荣。"刘义庆《世说新语》中的这句话，正可以用来诠释史可法的君子气节。生前，他清正廉洁，一心为国；临死，也宁折不弯，顽强抵抗。他那强烈的爱国主义情怀一直在时代风云中激荡，被后人怀念和歌颂。

阮闵妍

35 尘表孤踪

——傅山篇

千古风流人物传,傅山舍己救师贤。
高官厚禄不为动,正道朱衣骨气还。

(北京 陆奇)

传说,一位富商请了当地一位有名的画师过府作画。谁知画师刚提笔,就被告知家中有事,只来得及在纸上留下一团浓墨,便掷笔归去。富商只好将画纸小心放回书房。就在此时,纸面突然透出银光,照亮了整个房间。富商仔细去瞧,纸上的浓墨仿佛一团浓云,一轮明月正从中缓缓升起,一幅绝世好画跃然纸上。这位传奇画师,就是被时人称为"字不如诗,诗不如画,画不如医,而医又不如人"的傅山。

傅山,字青竹,后改字青主,山西太原人,明末清初著名的思想家、书法家和医学家。

明朝末年,正是多事之秋。朝中宦官当权,把持朝政,与大臣们相互攻讦。一场朝廷的争斗,波及了在三立书院读书的傅山,改变了他的人生。

当时,三立书院的山主是袁继咸。他因为官清廉,为人耿直,敢于直言,得罪了宦官魏忠贤之流,被贬到山西。傅山就读于三立书院时,受到袁继咸的指导和教诲,成为他颇为青睐的弟子之一。袁继咸极其重视气节的教育,对傅山影响很深。

不久，魏忠贤的朋党，山西巡按御史张孙振上书崇祯皇帝，诬告袁继咸贪污受贿。崇祯信以为真，勃然大怒，将袁继咸抓入京师大牢。

傅山深知自己的老师平日里刚直正义，定不会做不法之事。于是，他联络了百余名书院学生，步行赴京为袁继咸诉冤请愿。但是当他们到京城之后，才发现阻力重重。傅山起草诉状后，让同学们都签了名，然后提交到申诉机构——通政司。谁料通政司的官员与张孙振交好，把这件事给压了下来，并警告傅山一群人，若再闹事，严惩不贷。张孙振也派人在京城散布消息说："傅山这群人的行为，已经惊动了东厂和锦衣卫，马上就要被捉拿入狱！"无计可施的学生们，有些惊惶。有人找到傅山，要他撤回诉状，还要求抹掉自己的名字。傅山却不为所动，他带人四处散发揭帖，申明真相，还和众人在通往朝房门处等候朝廷要员，向他们陈述冤情。经过七八个月的努力，朝廷彻查此案，袁继咸沉冤昭雪，张孙振被罢官谪戍。此事之后，傅山名满京城，成为儒生们的榜样。

袁继咸的案子结束后，傅山返回太原。他无意官场仕途，继续潜心读书。崇祯十七年，农民军、清军先后攻占北京，崇祯皇帝自缢，明亡。听闻国破家亡，傅山不禁涕泗横流，当即写下"哭国书难著，依亲命苟逃"的悲痛诗句。

很快，清军占领山西，然后推行剃发易服，强迫汉人变换为满洲人的发型，并穿着满洲人服饰。傅山义愤填膺，为表示反抗，他出家为道。傅山身着红色道袍，自号"朱衣道人"，别号"石道人"。这是什么意思呢？朱衣者，朱姓之衣，暗含对亡明的怀念；石道者，如石之坚，意示决不屈服。

袁继咸知道后，十分认可和支持傅山的行为。不久，袁继咸被清军抓获，押往北京。清廷以高官厚禄劝降袁继咸，还让他那些已经入清为官的门生来规劝他。门生们环绕而跪，痛哭劝降，遭到袁继咸的严词拒绝。他戴着明朝的帽子，着明人服饰，拒绝朝见清朝皇帝。清廷让袁继咸在投降做官与死亡之间做最后选择，袁继咸不改初衷，最终以身殉国。

傅山得知后，恸哭不止，匡扶明室、驱逐清人的渴望再一次充盈他的内心。他与反清人士联络，为反清复明出谋划策，奔走效力。

一次，一个叫宋谦的人来找傅山，他是在南方的明朝宗室桂王的特使。宋谦准备联络各方反清力量，发动一次起义，特来请求傅山的支持。傅山非常高兴，连连表示同意。但是由于行事不密，宋谦被清军捕获，这次起义遂胎死腹中。清军对宋谦施以酷刑，逼迫他交代同党。宋谦熬不过酷刑，供出了傅山，不久便伤重死去。于是傅山被捕，被关押在太原府监狱。他明白，自己一旦承认参与"谋反"，立刻就会被砍头；不如留下有用之身，徐图后事。因此，他矢口否认与宋谦有任何政治上的关系。后来官府严刑逼供，他也只说是宋谦曾求他医病，遭到拒绝后怀恨在心，遂蓄意加害。宋谦已经身亡，官府又没有得到傅山的口供，只得在一年之后将他释放。

随着清朝统治日久，民间的反抗日渐平息。老百姓渐渐接受了清朝的统治，但傅山依旧不从新规，他依然像老师袁继咸那样，一心向着已经灭亡很久的明王朝。

康熙十七年，康熙皇帝颁诏天下举行大考。年过七十的傅山被地方上举荐去参加考试。傅山称病推辞，知县就令差役抬着傅山躺卧的床，强行把他送到了北京。至北京后，傅山继续称病，卧床不起。清廷的满汉大员们多次来拜望他，轮番劝诱，傅山靠坐在床头淡然处之,丝毫不为所动。康熙知道后,对傅山"不事二主"的行为倒是非常欣赏,于是特准他不用参加考试,并授封他"内阁中书"之职。傅山并不愿意接受这个官职,也不愿意向这位清朝皇帝叩头谢恩,官员们只好又强行把傅山抬到宫殿。到了宫殿,傅山老泪横流,失声痛哭。他索性就趴在地上不起来。面对傅山如此放诞无礼的举动,康熙倒也没有恼怒,反而诏令说:"傅山乃博学鸿儒,本欲重用,奈年岁已高,准许回家休养。"傅山离京时,在京的全部汉人官员都来送行,场面很是壮观。

史料里记载了傅山晚年的一件事。傅山的书法极佳,被时人尊为"清初第一写家"。有一次,傅山在酒醉后作了一幅草书后便睡了。他的儿子傅眉也善于书法,就模仿父亲的作品另写了一幅,然后悄悄地把父亲的书法换走,想看看父亲能不能分辨出来。傅山醒来后,看到桌上的书法,闷闷不乐。儿子见此情形,便问他为何不高兴。傅山叹了口气,说:"我昨天醉后偶书,今天起来看了看,中气已绝,大概我不久于人世了。"傅眉听了,大惊失色,就把自己换掉书法的事告诉父亲。傅山听了,更是难受,他又叹口气说道:"如果真是这样,恐怕你等不到新麦上场了。"不久,傅眉果然就病死了。已是风烛残年的傅山异常悲痛,不久也撒手人寰,享年七十七岁。

"国无道,至死不变",像袁继咸那样,捐躯赴国难是值得敬佩的,但抱着坚贞不屈的理想与信念,在他人屋檐下不屈地活着,则更是令人赞叹。傅山的君子品行,不仅赢得了汉人士大夫的崇敬,也受到清朝皇帝的认可,人们用"尘表孤踪"来形容他超绝尘俗的君子品格。

刘经博

36 清骨如是

——柳如是篇

诗书满腹美名扬，坠落风尘惹断肠。
艳绝秦淮谁与比，悬棺明志胜儿郎。

（河北　霍庆来）

崇祯年间的一个冬天，钱家迎来了一位特殊的客人。他乘一叶扁舟缓缓而至，头戴幅巾，足穿弓鞋，一副儒生打扮。主人钱谦益十分惊喜，将客人请入堂内，与他吟诗唱和，谈古论今。一番交谈之后，钱谦益这才发现，这位潇洒风流的公子竟是女扮男装，而她的学识更让人赞叹不已。这位有林下风度的潇洒女子便是本篇故事的主人公——柳如是。

柳如是是明末清初著名的歌妓，与李香君、董小宛等同列为"秦淮八艳"。她通文晓史，能书善画。因喜爱宋代词人辛弃疾的词句"我见青山多妩媚，料青山见我应如是"，故自号"如是"。尽管身处风尘，但柳如是个性坚强，聪慧勇敢。因仰慕钱谦益的高才大志，她不顾世俗的眼光，自择夫婿，嫁给了这位比自己大三十六岁的文坛名士。二人的婚事在当时的士大夫中间掀起了不小的波澜，但他们不理会别人的反应，老夫少妻相敬如宾，惺惺相惜。

当时，清兵入关，攻破北京。明朝旧臣只得在南京拥立新帝，意图恢复大明江山。钱谦益和柳如是见国家危急，常常往来奔走，希望为国效力。然而，南明政权帝王昏聩，朝政腐败。弘光二年，清军兵临南京，国家将亡。

初夏的一天，晚风微凉，柳如是身穿华服，与钱谦益驾着小船荡进湖中。等小船行至湖中央，柳如是斟好酒递给丈夫，自己也举起一杯，悲切地说道："妾身得以与钱君相识相知，此生足矣。如今，国家将亡，我们生又何益？"钱谦益受她感染，也叹了口气，将杯中酒一饮而尽。朦胧清冷的月光下，柳如是望着船外一泓碧水说道："今夜我能与君同死，死而无憾！而这湖水必将因为殉国的大义而千古流光！"说着便站起身来，拉着钱谦益的手要与他一起投湖。钱谦益猛然从酒意中清醒过来，他伸手到船外搅了搅水，犹豫地说："夫人，这水冷，还是别下去了。"柳如是见丈夫宁愿苟活于世，也不愿全节殉国，羞愤不已，便要只身跳下船去，却被钱谦益硬生生拉住。夫妻二人相对无语，只得返回家中。

几天后，钱谦益率众官员迎清军入城，他自己更是假说头皮发痒，剃掉了额发，却把发辫梳成了清人的样子。柳如是气愤得说不出话来，钱谦益慢慢说道："夫人莫气。如今清廷已经答应授予我礼部右侍郎管秘书院事的官职，夫人尽快收拾行装随我入京才是。"柳如是见钱谦益已铁心做贰臣，自己百般劝说都无济于事，只得任他去北京，而她却留在江南。其后一段时间，柳如是不断给丈夫寄去书信，劝其归隐。在妻子的劝导下，钱谦益的思想有了转变。他想到，京城生活并不理想，前程功名也好，高官厚禄也罢，最终还不是镜花水月？终于，他下定决心，脱下官袍，称病回乡。

钱谦益回到家乡隐居。平日里，他和柳如是游览名山秀川，吟诗作赋消遣时光；暗地里，对反清复明势力予以积极支持。当时，民间反清复明运动开展得如火如荼，涌现出黄宗羲等一批领袖人物。

一天，钱氏夫妇在家中迎来了黄宗羲。在名门士大夫担心惹祸上身，唯恐避之不及的情况下，夫妇二人却收留了黄宗羲一月有余。其间，他们纵谈天下大势，哀痛故国山河沦陷，常常发出光复明朝的豪言壮语。

这天夜里，黄宗羲刚收拾好行李，准备明日启程。钱谦益提着灯来访，他拿出七根金条相赠，说道："此乃内人之意，您为故国奔波劳苦，此做安家之用，还请务必收下。"黄宗羲收下赠礼，感激不尽。

不久，一场飞来横祸打破了他们的宁静生活。一位旧友组织反清起义失败，官府追查之下，竟连蔓带枝地牵连到钱谦益。没过多久，清兵上门抓人。此时柳如是正产后卧病在床，听此噩耗，毅然冒死随行。跟随钱谦益抵达金陵后，柳如是上书官府，请求代夫赴死，或是夫妇一同赴死，言辞刚烈，不卑不亢。另一面，她变卖家产，四处奔走，打通关节。总督感其诚心，又查证钱谦益确实无"乱上"之举，便将他放了出来。钱谦益有惊无险地度过了四十天牢狱之灾，不由得对妻子感激涕零，他发自内心感叹道："恸哭临江无孝子，从行赴难有贤妻。"自此，他对柳如是更加敬重。

在柳如是的影响下，钱谦益晚年更是为复明不遗余力地奔走。顺治十二年，复明之士准备攻打金陵。在柳如是的帮助安排下，钱谦益在金陵一带积极活动。对外，他假称自己老迈多疾，需要延医治病；实际上，却是借看病为由，联络门生旧部接应支持。由于年迈操劳,钱谦益身体日渐不济,不久病殁。

钱谦益一死,所谓的"钱氏家难"就爆发了。原来,柳如是到钱家二十多年,一直掌管经济。钱谦益去世后,族人开始向她发难。他们聚集了上百人,向柳如是施压。柳如是被逼无奈,交出了千金。但族人还是不肯罢手,要她拿出一半家产。钱谦益原本资产丰厚,但多年来支持反清复明,已耗尽家财。拿出千金,已是柳如是手上的全部资财,但族人兀自吵闹不休,定要抢夺剩余家产。柳如是心灰意冷,她下定决心,决不能让亡夫的家业落入他人之手。思量再三,她请来了钱氏家族的各位长辈。

这一天,柳如是一身素服,穿戴整齐地出现在众人面前。她看着堂上的众人,不卑不亢地说:"钱家账簿都在我暖房。先上酒菜,我过一会就拿出来给大家。"

酒菜上来,族人们志得意满,不由得开怀畅饮。柳如是站了起来,让家仆跟自己去搬拿账簿。进了暖房,柳如是拿出一封早就写好的信件,让家仆立刻去报官。家仆气喘吁吁地跑到府衙,把信呈给知府。知府打开一看,只见上面写着:"夫君新丧,争分家产,迫死主母。"他不由得大惊,立刻带领差役前往钱家。等到了钱家,只见外堂中钱氏族人兀自吃喝喧嚣,暖房里柳如是已然悬梁自尽。差役在暖房里寻得一封书信,那是柳如是留给孩子的绝笔书,上面写道:"我来汝家二十五年,从不曾受人之气,今竟当面凌辱,我不得不死……"

柳如是最终以这样刚烈且不乏智慧的死,为她风骨嶙峋的人生画上了一个重重的感叹号。

《荀子》中说:"岁不寒无以知松柏,事不难无以知君子。"身处红尘浊世,面对艰难困阻,柳如是就像无瑕美玉,即使在污泥中仍然高洁夺目。三百多年后，人们依旧称赞她的君子之风，著名学者陈寅恪更是为她写下八十万言的《柳如是别传》。因她不让须眉，心系家国；因她忠贞不渝，一身傲气；更因她历尽千帆，依旧清骨如是。

蒋倩倩

37 虎门销烟

——林则徐篇

忍近天南说虎门，劫灰如许辨残痕。

斜阳渐晚风涛急，留与丹心叩国魂。

（广东 高学文）

林则徐到广州禁烟时，据说发生过这样一件事。当时正值夏天，外国领事请林则徐吃冰淇淋。林则徐看冰淇淋上雾气腾腾，以为很烫，就用嘴去吹，领事们哄堂大笑。林则徐却平静如常，淡淡地说："这东西外表看起来热情如火，其实内里像人一样冰冷得很。"

后来一个寒冷的冬天，林则徐也备了丰盛的筵席回请外国领事。几道凉菜上过后，侍者端上一盘菜。这盘菜颜色淡灰，略带暗红，上面有太极图案，外观看起来就像凉菜。一位领事舀起就吃，只听得一声惨叫，他的嘴唇被烫红了。这时，林则徐介绍说："这是中国福建的名菜——槟榔芋泥。虽然外面冷淡，内里却是滚烫的。"

林则徐是清朝著名的政治家、思想家。童年时期的林则徐家境贫寒，但家教十分严格，这使他一生都能保持清俭的习惯和察民疾苦的作风。作为近代中国睁眼看世界的第一人，他清正廉明、刚直不阿的品格也一直为后人所传颂。

当时的中国仍然沉睡在泱泱大国的美梦中，英国人却用鸦片迅速地打开了清王朝的大门。英国的鸦片主要是通过走私进入中国的。大量鸦片的输入,不仅造成了中国白银的大量外流和财政危机,还导致银贵钱贱,加重了劳动人民的负担,并且直接毒害了中国人的身体和精神。

道光皇帝认识到鸦片的危害,派遣林则徐为钦差大臣,到广州开展禁烟活动。到任后,林则徐没有直接去禁烟。他深知广州的情况绝非表面看到的那么简单。鸦片如此猖獗,若说地方官员们毫不知情,任谁也不会相信。知己知彼,百战不殆。为了解情况,他首先去参观了当地的知名书院,拜访一些地方名士。他还在书院题了一副对联:"海纳百川,有容乃大;壁立千仞,无欲则刚。"林则徐的这些举动让鸦片烟商和地方官员们有些摸不着头脑,他们私下里认为林则徐和以前那些道貌岸然的官员们一样,于是便准备好了礼品准备行贿。

首先出场的是当时的英国商务代表义律,他邀请林则徐参加私人宴会。酒过三巡后,义律向林则徐奉上一个精致的锦盒,并说:"林大人,这是我的小小见面礼,请您笑纳。"林则徐接过来打开一看,只见锦盒以大红软缎衬底,上面摆放着一套烟具:白金烟管,秋鱼骨烟嘴,钻石烟斗……这套烟具可是价值不菲。林则徐顿时明白,义律是醉翁之意不在酒,摆宴是假,贿赂是真。想到这,林则徐便决定将计就计,来一招敲山震虎。"义律先生,本官奉皇上旨意,到广州是来肃清烟毒。这套烟具属于违禁品,本当……"林则徐慢悠悠地说道。义律接口问道:"本当怎样?"林则徐沉下脸来严肃地说道:"本当没收!"义律脸上的笑容顿时僵住。只见林则徐将锦盒又放回到他面前,郑重地说:"这违禁品本当没收。但是,念及两国交往,友谊为重,还请阁下将烟具带回贵国,望勿再犯!"碰了一鼻子灰的义律这才明白,这位钦差大臣与以往的官员不一样。经此一事,大家都知道林则徐视钱财如无物,想要通过贿赂应付过去,看来是不可能了,只有再做打算。

正当烟商们盘算该怎样应付这位"难缠"的钦差大臣时,林则徐那边已经雷厉风行地行动起来了。他限定所有烟商三日之内交出全部鸦片,同时还须向官府保证以后再不贩卖鸦片,如有违反,甘愿伏法。

烟商们自然不肯接受。他们指派少数几个烟商假意服从,交出了部分鸦片,以为这样就可以蒙混过关。林则徐心知,禁烟绝非简单之事,那些鸦片商人也不会这么容易就屈服。于是,也故作不知。

不久,广州举行贡院考试,钦差大臣林则徐给考生们出了考题。考生们打开一看,试题共有四道。要求他们提供鸦片集散地及经营者姓名,零售商姓名,剖析过去禁烟的弊端,提出禁绝鸦片的建议。这真是一场奇特的考试!考生们大感新奇,也鼎力支持,尽其所能详尽答题。这样,林则徐就掌握了所有烟商、贪官污吏的名单。接着,他对外宣称:"若鸦片一日未绝,本大臣一日不回,誓与此事相始终,断无中止之理。"

这下,烟商们慌了神,他们去求义律帮忙。可是,这位商务代表在林则徐面前也是无计可施。最终,林则徐收缴了烟商们手中的所有鸦片。

为了避免夜长梦多,林则徐决定在虎门销毁这批鸦片。消息一传出,百姓奔走相告。

1839年6月3日,天刚蒙蒙亮,广州城就沸腾起来了。虎门临近大海,在海滩上,早已挖好了两个五十米见方的池子,池子的前面有一个涵洞直通大海。池子周围搭了几个高台,钦差大臣林则徐端坐在其中的一个高台上,他望着台下聚拢而来的中国人,还有一些想看"好戏"的外国人,心想:"不管有多大的危险,不管遇到多少困难,我都要把收缴来的鸦片统统销毁!"

销烟开始了。林则徐一声令下,一群民工先把一包包海盐倒入水中,接着把烟土切成四瓣,扔进水池。等烟土泡透了,再把一担担生石灰倒进池子里。不一会儿,池子里一团团白色烟雾向上蒸腾……鸦片在池子里销毁后,又通过涵洞排进大海。饱受鸦片之苦的百姓欢声雷动,而那些鸦片烟商、贪官污吏却面如死灰。

许多外国商人看到这个场面非常震惊,他们恭恭敬敬地走到林则徐的台前,摘下帽子,躬身弯腰,表示敬畏。林则徐正义凛然地对他们说:"现在你们都看到了,天朝严令禁烟。希望你们回去以后,转告各国商人,从此要专做正当生意,千万不要违犯天朝禁令,走私鸦片,自投罗网。"商人们洗耳恭听,连声称是。现场人群中,还有一些专门来考察销烟的美国商人、传教士、商船船长等。林则徐为了向世界证明中国销烟的决心,干脆让人带他们到池子边,让这些"外国观察员"近距离观察,并且向他们详细讲解销烟的方法。

虎门销烟共历时23天,销毁鸦片约230多万斤。如此长时间、大规模的禁烟运动让中外震惊不已,也成为世界禁烟运动史上的一座丰碑。如今的世界禁毒日,就是定在虎门销烟结束后的第二天——6月26日。

《礼记》中说:"君子不能为谋也,士弗能死也,不可。"林则徐通过虎门销烟让世界看清了殖民主义者的丑陋嘴脸,更唤醒了中国民众的爱国意识。他一生清廉为官、严谨治家,国难之时不顾个人利益得失,愿扶大厦之将倾。这正是君子形象的完美展现,值得后人的景仰与追随。

赵传敏

38 雪岩撑伞

——胡雪岩篇

雪中送炭名天下，岩业撑邦夙愿酬。
应变随机无憾事，毕生功德任人讴。

（广东 谭景桃）

1836年，杭州信和钱庄新招了个小伙计。小伙计每天早早起床，先替老板端洗脸水倒尿壶，再扫地抹桌买早点。开门营业之后，有客户来办理业务，他总立在一旁，见机做事，从不用老板吩咐。他做事勤恳，待人友善热情，不久就赢得了店里老板伙计的喜欢。一提起这人，周边的街坊邻居和来往客商都夸赞道："这孩子是个大好人啊，下雨天看到谁都赶去撑伞，谁有事都愿意去搭把手。"不几年，在人稠物穰的杭州，小伙计名声大噪。

这个小伙计，名叫胡光墉，字雪岩，是中国商业史上颇具传奇色彩的人物。后人称赞他"古有陶朱公，今有胡雪岩"。

胡雪岩出生在安徽省绩溪县，他的父亲是个读书人，母亲是个不识字的农妇。在当时，读书与当官发财紧密相连，但是胡雪岩的父亲却主张：读书是为了懂得一些道理，如果读书识字却不懂做人，那书就白读了。胡雪岩的母亲非常淳朴，她从小教育胡雪岩做人、做事应当用心，要节俭、勤劳、宽容、大度，施恩于人要不求回报，凡事不跟别人比，要和自己比，别去奢求别人如何对待自己。

胡雪岩十分聪颖好学，但只读了两年私塾，他的父亲就去世了，家中全靠母亲替人做零工讨生活。无奈之下，胡雪岩只得放弃学业，转而去帮人放牛，贴补家用。

一次放牛时，胡雪岩捡到一个包裹，里面全是银钱。善良的胡雪岩拿着这个包裹，等了若干个时辰，才等到失主。原来，那位失主是杭州大阜杂粮店的老板。他被拾金不昧的胡雪岩打动了，又见他聪明伶俐，有心收他为徒。

胡雪岩回到家里，把此事告知母亲。母亲问他："出去之后，你有信心做好吗？"胡雪岩答道："出去之后，儿子一定会干出一番事业。我不能放一辈子牛，让别人看不起。"母亲听了他的话，十分欣慰，就替他收拾行李，让他离开了生活了十多年的家乡。

十三岁的胡雪岩开始孤身在外闯荡。到了十九岁，他被杭州阜康钱庄的掌柜收为学徒。掌柜没有后代，对办事灵活的胡雪岩视若己出。弥留之际，老掌柜把钱庄等产业悉数托付给胡雪岩，嘱咐他："人的命有好也有坏，愿你今后多做好事，多积阴德。我希望你能学我，靠勤奋积财，但是千万不要聚财贾祸。"老东家的遗言竟一语成谶，胡雪岩靠勤劳智慧积累了惊人财富，但也因财富招致大祸，最终抱憾而去。

胡雪岩接手钱庄后不久，一位布商找上门来。他急需大笔周转资金，所以开出极低的价格抛售自己的产业。胡雪岩了解情况后，决定以市场价来收购对方的产业。布商惊诧不已。胡雪岩拍着他的肩膀要他放心，强调说自己只是代为保管这些抵押的资产，等布商挺过这个难关，他随时都可以来赎回属于自己的产业。

布商走后，伙计们都埋怨不已，送上门的肥肉为啥不吃？胡雪岩喝了口茶，对他们讲述了自己年轻时的一段遭遇："我年轻的时候还只是店里的小伙计，经常帮着东家四处催债。一次路遇大雨，一位陌生人随身带了伞，见我着急赶路，便帮我打伞，一路送我。此后，每到下雨时，我也常常帮一些陌生人打伞。时间一长，那条路上认识我的人也就多了。有时，我自己忘了带伞也不怕，因为会有很多我帮过的人也来为我打伞。"

胡雪岩笑了笑，继续说道："人心本善，你肯为别人付出，别人才会愿意为你付出。刚才那位布商的产业，可能是几代人慢慢积攒下来的。这会儿他正走投无路，我要是占了他便宜，人家可能一辈子都翻不了身了。这不是投资，而是救人，重要的是交了朋友，还对得起自己的良心。谁都有困难的时候，能帮点就帮点吧。"众伙计默然。

在胡雪岩的仗义扶持下，布商很快东山再起，胡雪岩也因此多了一位忠实的合作伙伴。胡雪岩不论贫富，常救人以急，仗义好施，在商贸昌盛的杭州城，立下了极好的口碑。他的生意也好得出奇，无论经营哪个行业，总会有人来帮忙，有数不清的客户来捧场。

后来太平军进入浙江，闽浙总督左宗棠率清军抵抗。胡雪岩获得了左宗棠的信赖，被委任为总管，负责后勤事务。这差事使得阜康钱庄大获其利，胡雪岩也由此走上官商之路。

他常以亦官亦商的身份往来于宁波、上海等洋人聚集的通商口岸。在经办粮台转运、接济军需物资之余，胡雪岩还紧紧抓住机会，结交各国使节，从中斡旋，协助清政府训练了一支千余人规模、全部用洋枪洋炮装备的常捷军。

等到战事结束，胡雪岩的钱庄也越做越大，还开办了至今仍在营业的胡庆余堂中药堂,成为当时的"中国首富"。可发迹后的胡雪岩,却从未忘记为人"打伞"。

他主动接下赈抚局事务,不仅自掏腰包,也向官绅大户劝捐,用以赈济灾民。听闻左宗棠要挥师西进,收复新疆,胡雪岩又亲自出面,依靠自己的商业信誉,连借带凑,提供了一千多万两白银,及时解决了西征的经费问题。他还不计成本,为西征将士供应了大批药材,免去了将士水土不服之虞。

依靠胡雪岩的鼎力支持,左宗棠收复新疆,维护了国家的领土完整。而胡雪岩也因调度有方,被左宗棠保举为布政使的从二品官阶。清政府赏给胡雪岩黄袍马褂,准许他在紫禁城跑马,官帽上可带二品红色顶戴,胡雪岩从"中国首富"进阶为更加显赫的"红顶商人"。

宅心仁厚的胡雪岩,胸怀拳拳爱国之心行走商界,用从社会中赚来的钱来建设国家。他利用手中的资本,积极活跃在大清政团与洋人势力之中,将洋人的先进技术引回国内,协助左宗棠在福州开办了福州船政局。这是中国历史上的第一家新式造船厂。

"纵然万事随风去,莫道商贾无烈举。"走到人生巅峰的胡雪岩,最后一次为人"撑伞",却以悲剧结束了自己的一生。

为了发展民族工商业,胡雪岩痛下本金两千万两,联合有实力的民族企业家们,一起在上海开办蚕丝厂。这样做,一是为了解救被洋人欺压的蚕农,二是要为民族工商业争口气。中国工商业史上第一次中外大商战就此拉开序幕。

一开始,胡氏一方高价收走国内的数百万担新丝,牢牢占据了上风。洋人势力购买不到便宜的新丝,就千方百计地收买胡雪岩,甚至威逼利诱,但都无功而返。眼见中方即将取得决定性胜利,谁知时局忽然大变,欧洲的生丝突告丰收,紧接着中法战争爆发,引发金融危机。胜利的天平突然翻转,胡雪岩一方再无回天之力。

作为"红顶商人",胡雪岩不可避免地被牵扯进朝廷的权力斗争中。政敌们趁机发难,操纵金融界,切断了胡雪岩的资金链。大清首富的全部身家,竟被一夜吸干,这位民族商业勇士的梦想被彻底粉碎。

但直至家财败尽,胡雪岩从未降价卖过一根生丝给洋商。临终,胡雪岩避开各路耳目,把胡庆余堂悄悄转手给了一个可靠的伙计。胡雪岩嘱托他,不得违背开店的初衷,一定要守信守义,救急救难,把这家药堂好好经营下去。

如今一个多世纪过去了,胡庆余堂仍旧生意兴隆,是国人最信赖的中药堂之一。胡雪岩最后撑开的这把伞,至今仍造福大众。

"与义不与利,记恩不记仇。扬善不扬恶,主喜不主忧。"尽管胡雪岩在商战中遗憾败北,以破产告终,但这一战,是中国民族企业家们第一次携手对外的商业大战,有着非凡的意义。雪岩撑伞,幸莫大焉。胡雪岩是中国民营企业家的好榜样,也是一位有功于国、有益于民的"红顶商人"。

李文杰

39 碧海丹心

——邓世昌篇

幼读兵书上下求,身登致远见风流。
清皇若是施良策,岂会丹心碧海酬。

(广东 赵崇仁)

在一次执行任务时,邓世昌跟随舰队经过直布罗陀海峡,遇到一群被蒙骗贩卖到那里的中国人。这些漂泊异乡的中国人做着辛苦的工作,却收入低微,常常食不果腹。军舰有规定,不能私自搭载外来人员,除他所在舰船以外的其他舰船不敢违反,只能对这一现象置若罔闻。而邓世昌看着这些受难的同胞,觉得不能见死不救,便偷偷把他们招收为"锅炉工",让他们乘舰返回祖国。

邓世昌是中国最早的一批海军军官之一,曾担任清朝北洋水师致远舰的管带。他出生于曾经是鸦片战争主战场的广州,自幼受父亲影响接受西方教育。同治六年(公元1867年),十九岁的邓世昌进入福州船政学堂学习,他表现突出,被人们称为"最伶俐的青年"。

一天,学员们去渤海湾练船。兵船行至渤海与黄海交汇处,突然波翻浪滚,船体开始剧烈颠簸,但此时海上并无大风,怎么会波涛翻滚呢?大家十分疑惑,纷纷向教官请教。教官指着西边说道:"你们看看远处海岸的状况。"原来,远方有一处陆地,如尖角般突出，劈波斩浪。邓世昌用望远镜一看，只见岬角尖处的一座巨大的山岩直插入海，岩壁陡峭，似刀削斧劈而成，波浪之中，隐约可见一个个暗礁。这种地势，别说是舟船，怕是连鸟鸥都不敢停留。教官解释说："此地地势险峻，情况复杂。秦朝时，始皇帝嬴政东巡到此处，他眺望大海，只见海天浩渺，潮涌浪翻，像是到了天东边的尽头，遂赐名曰'天尽头'。"邓世昌沉思道："这'天尽头'如此凶险，将来必是海疆要厄。"说罢，他急忙取出纸笔，描画海图。同行的学生见此，打趣他道："邓兄如此用心，莫非将来要到这'天尽头'守防？"邓世昌朗声回答："此处是我大清海疆，我们必要肩负守防之责。"

光绪六年（公元 1880 年），邓世昌被调至北洋水师，任镇南舰管带。七月，舰队奉命巡弋渤海、黄海。一天夜里，海面上风平浪静，众人缓了口气，放松了警惕。就在此时，只听"轰"的一声巨响，镇南舰触礁了。突如其来的事故，让大家都乱了手脚，不知如何是好。邓世昌却临危不乱，他沉着镇定地拉响了警报，从容不迫地部署人员，让大家各司其职。最终，凭借邓世昌娴熟的指挥和水手们默契的配合，镇南舰平安脱险。

光绪十三年，清政府在英、德两国订造的致远号等四艘巡洋舰完工，邓世昌奉命率队接舰。归国途中，他担任致远舰管带。从此以后，他的命运就和这艘战舰紧密联系在一起。此时的他，已是公认的"西学湛深""精于训练"的海军专家。舰艇远航训练是海军官兵的必修课，但是此次接舰，舰队要穿越几个大洋，海况非常复杂，任务尤为艰巨。邓世昌抓住机会，积极组织大家认真进行海上训练。操练的内容和科目，则完全是实战可能发生的，符合战斗的需要，并且要求做到正规化。

有一次，邓世昌因劳累过度，发了寒热。但他依然强撑着虚弱的身体，一步一步艰难地走上驾驶台，监视行船。他秉承着一种信念，就是无论在何种情况下，都要坚守自己的岗位，对全舰的安全负责。在邓世昌以身作则的激励下，舰上将士"莫不踊跃奋发，无错杂张皇状"。

训练时，邓世昌对士兵严格要求，赏罚分明。可私下里，他对士兵却亲如手足，从不武断专横。他总对士兵们说："人固有一死，但是要牺牲得有价值。"还经常号召大家向志士仁人学习，以自己对国家的一片热忱唤起将士们的爱国斗志。

光绪二十年，日本向清政府宣战，甲午战争爆发了。九月，日本舰队在黄海偷袭中国舰队，黄海海战拉开帷幕。面对装备精良的日本军队和蓄谋已久的偷袭，北洋水师处于被动状态，渐渐落于下风。面对如狼似虎的敌人，邓世昌率致远舰勇往直前，没有丝毫畏惧与退缩。虽然将士们个个骁勇善战，可在敌人连续不断地猛烈攻击下，士气也逐渐低迷。见此状况，邓世昌大声喊道："吾辈从军卫国，早置生死于度外，今日之事，有死而已！"听到此言，将士们士气大振，他们充分发挥致远舰速度快的优势，给予敌人沉重的打击。

日本舰队立即做出应对策略，派出号称"帝国精锐"的吉野号等四艘军舰围攻致远舰。在强劲火力的攻击下，致远舰身中数弹，舰身严重倾斜。此时致远舰炮弹已经用尽，只剩下一些需要近距离发射的鱼雷。难道就只能这么坐以待毙吗？邓世昌当机立断，说："倭舰专恃吉野，苟沉此舰，足以夺其气而成事。"命令士兵将鱼雷装进发射管，然后开足马力向吉野舰冲去。吉野舰上的日本官兵见状大惊失色，集中炮火向致远舰射击。一发炮弹打来，正中鱼雷发射管，管内鱼雷发生爆炸，早已遭到重创的致远舰终于缓缓沉没。船上的将士们并没有呼天抢地，东逃西窜，只是面带悲色，随着致远舰一同沉入苍茫大海。

邓世昌坠落海中，随从立刻向他抛出救生圈，他却选择了拒绝，并说："我立志杀敌报国，为了大义死于海战，也算死得其所。"他的爱犬看到主人落水，游到他的身旁，用嘴巴衔着他的胳膊想拉他上岸。邓世昌见自己的军舰已沉没，内心悲痛至极。他一生从戎，为的是克敌制胜，如今战局不利，又岂能退缩，苟且偷生。想到这，他再无留恋，毅然把爱犬按入水中，自己也一同沉没于波涛之中。

黄海海战中，致远舰全舰自邓世昌以下250余名将士一同壮烈殉国。消息传来，朝野震惊。光绪皇帝挥泪撰写挽联："此日漫挥天下泪，有公足壮海军威。"清廷还赐给邓母一块用1.5公斤黄金制成的"教子有方"大匾，拨给邓家白银10万两以示抚恤。

"专利国家，不为身谋。"在成为致远舰管带的那一刻，邓世昌便做好了为国家奉献自己生命的准备。面对强大的敌人，邓世昌英勇无畏，他为国而死，死而无憾。海浪千叠，淘不尽英雄血泪，更无法湮灭君子邓世昌的爱国精魂！

张梦雨

40 舍身成仁

——谭嗣同篇

生也奇来死也奇，维新变法世人知。

中华向有仁豪士，热血轩辕大义垂。

（北京 魏增宇）

面色苍白的男孩躺在床上，大夫一手把脉，一手拈须，眉头紧锁。不久，大夫抬头对站在床边的父亲摇了摇头，说道："准备后事吧……"话音刚落，哭声顿时充满了整个院落。三天之后，当家人正打算把男孩抱进棺材里安葬时，孩子竟奇迹般地睁开双眼，活了过来。父母惊喜不已，于是给死而复生的孩子取字为"复生"。

这个神奇的男孩名叫谭嗣同，是后来历史上著名的"戊戌六君子"之首，也是中国近代著名的思想家和政治家。作为湖北巡抚之子，他本可以安安稳稳度过富贵一生，却为了国家大义，立志变法维新，献出自己宝贵的生命。

时光荏苒，转眼间谭嗣同已经是位翩翩少年。人们都赞巡抚家的公子是个举世难得的大才子，一定可以考中状元，光耀门楣。可谭嗣同却不这么想，他并不想只当个文弱书生。当时，京城有一位姓王的侠士，因排行第五，又刀法娴熟，被时人称为"大刀王五"。谭嗣同听说他武艺高强，爱好行侠仗义，常怀报国之心，十分敬佩，便想方设法与之结交。两人一见如故，一起论国事、习武功，成为至交好友。

1894年,甲午战争爆发,北洋水师全军覆没,清政府被迫签订了丧权辱国的《马关条约》。消息传来,已是而立之年的谭嗣同愤懑难忍。他意识到,腐朽的封建统治已经不能再给人民生活带来保障,只有变革法度、破旧维新才能拯救奄奄一息的中国。于是,谭嗣同前往上海,拜访当时的变法领袖康有为和梁启超,向他们讨教学习。回到家乡湖南后,他兴办学会,召集了一批有志之士,打算探索出一条救国之路。在他创办的多项事业中,"南学会"的影响最大,这使得湖南爱国救亡的风气大盛。

很快,谭嗣同受到光绪皇帝的宣召。在一番交谈后,谭嗣同被破格提升为有四品卿衔头的军机章京。自此,谭嗣同成为变法团体里的中心人物,与康有为、梁启超等人共同开始了一场声势浩大的维新运动。但是以慈禧太后为首的守旧派担心自己的权力受到影响,坚决反对变法,还把光绪皇帝也变相囚禁了起来。光绪皇帝无计可施,只好叫人偷偷将一份"衣带诏"带出皇宫交给谭嗣同等人。大家拿到这份特殊的诏书。诏书上表明光绪皇帝的帝位几乎不保,他命令康有为、梁启超与其他志士从速设法营救。君王竟被囚禁,变法遭到前所未有的阻碍,众人抱着这份"衣带诏"泣不成声。

为了营救光绪皇帝,维新派决定拉拢当时认同变法的将领袁世凯。可谁去说合呢?这可是杀头的大事。经过一番商议,谭嗣同毛遂自荐,主动要求带着这份密诏前去拜访袁世凯。

几天后的一个晚上,谭嗣同独自前往袁世凯居住的法华寺。他在寺外等候许久,却无人相请。心急如焚的他不顾礼数,就冲了进去,见到的却是气定神闲的袁世凯。他盯着袁世凯的双眼问道:"袁先生,您认为当今圣上是一个怎样的人?"袁世凯坐在椅子上,对天拱手施礼,说道:"当今圣上是一代少有的好皇帝。"谭嗣同松了口气说:"那我就直说了,袁先生。现如今太后专权,软禁圣上,妄图破坏维新变法,而且他们还要利用天津阅兵的机会废黜圣上。现在我们需要您的帮助,不然国家就要陷入万劫不复的地步了!"听完这话,袁世凯忙站起了身子,脸上满是惊讶的神色,问道:"我?我能做些什么?"谭嗣同上前抓住袁世凯的双手,急切地说道:"袁先生,圣上与我们已经商量好了。我们要赶在他们之前动手,您需要到圣上那里要一道手谕,上面会写着叫您带兵在天津诛杀反贼的旨意。成功后,您立刻带领兵马进京,一半围住颐和园,一半守住宫门,救圣上出来。"谭嗣同又用手抹了抹自己的脖子,说:"当然,如果您不愿意,也可以到颐和园检举我,用我邀功。"袁世凯抽出了自己的双手,肃然道:"你把我袁某看成什么人了。圣上是我的君主,我当然要效忠他。现在事情紧急,我要赶紧部署,定下应对的策略,回军营做准备了。"谭嗣同连忙深施一礼,感动地说:"将军大义。"又再三叮嘱了一番才向袁世凯告辞。谁知,袁世凯当晚就向守旧派官员告了密。计划暴露,营救光绪皇帝的行动也失败了。朝廷方面传来了逮捕维新派人士和慈禧太后垂帘听政的消息。

谭嗣同知道后十分淡定,他对梁启超说:"梁先生,我曾经想救圣上,可惜没救成,现在已无能为力,只能等待死期到来。但要破除眼前的困境,只能知其不可为而为之。我尽力过,也无悔了。您和康先生还是快逃吧!"在各方面的帮助下,康、梁等人安全离开了国内。可谭嗣同却安居家中,几位友人前来劝他:"谭兄,现在情况紧急,朝中就要派人来抓你。你就听我们一句劝,快去别处暂避一时吧。"谭嗣同摇摇头,神情肃穆地说:"你们不是不知道,世界各国的变革,没有一个是不经历过流血牺牲的。现在中国还没有因为变法而流血牺牲的人,所以变法失败,百姓不清醒,国家不昌盛啊!如果一定要有人流血牺牲的话,那么就请从我谭嗣同开始吧!"于是,他送走了那些来劝他逃走的朋友。至交好友王五也每日都来劝说谭嗣同离国避难,可每次都被婉言拒绝。直到谭嗣同被捕入狱,王五还多方打探消息,买通狱卒,希望营救谭嗣同,可依旧被他拒绝。

入狱后,阴暗潮湿的监狱里没有笔墨,谭嗣同就用地上的煤灰在墙壁上写下"我自横刀向天笑,去留肝胆两昆仑"。他用这诗句来怀念家人,思念朋友,同时也表达了自己要以鲜血唤醒民众的决心。

到了行刑那一天,谭嗣同用手沾着破瓷碗里的水,把长辫梳得光滑黑亮。他整了整牢衣,挺胸大步地走上囚车。到了刑场,谭嗣同仰天大喝:"有心杀贼,无力回天。死得其所,快哉快哉!"刽子手举起大刀连砍三下,却没能把谭嗣同的脖颈砍断。看到这个情景,监斩大臣也不由得惊慌失措起来,他对着刽子手大声喊道:"快,把他按到地上,砍!砍!砍!"谭嗣同就这样被按在地上,一连被砍了二十多刀。

杨时曾说:"君子有舍生而取义者……其所喻者义而已,不知利之为利故也。"谭嗣同放弃生而选择死,不是因为他不愿抗争,而是因为他要用自己的死来证明变法的意义,来拯救当时岌岌可危的中国社会。他的这种舍生取义的行为成为众人学习的榜样,从而推动了中国社会的发展。谭嗣同的君子之风,饱含他的爱国之志,唤醒了当时无数沉睡中的中国人,让后世景仰赞叹。

陈卷叠

41　巾帼烈士

——秋瑾篇

剑胆平生胜世男，襟怀赤县志摧顽。

铮铮烈骨英魂铸，碧血丹心耀宇寰。

(内蒙古　李锐利)

一天傍晚，北平城内的一家戏园子里传来悠扬婉转的唱戏声。就在这时，门口停下一辆西式的四轮马车，从车上下来一位盛装打扮的女子。过往的人们十分惊奇，因为当时的女子若想听戏，只能将戏班请到家中演出，绝不能不顾礼法，抛头露面来戏园子里看戏。而这位惊世骇俗的女子，就是近代中国的民主革命志士——秋瑾。

秋瑾生于官宦家庭，同那个时代千千万万的女子一样，她幼时裹脚，学女红，遵循三从四德。天资聪颖的她，从小就熟读四书五经，喜欢杜甫、李清照等爱国文人志士的传世佳作。

二十一岁时，秋瑾遵从父母之命，嫁给了王廷钧。嫁入王家后，虽生活富足，但秋瑾却并不舒心，因为她无法忍受封建礼教对女人的种种束缚。而且她与丈夫在志趣、爱好上更是大相径庭。

秋瑾虽是一介女流，但她侠肝义胆，不让须眉，时刻关注国家的兴衰荣辱。而王廷钧却游手好闲，不务正业。当时，正值中日甲午战争结束，清朝签订了丧权辱国的《马关条约》。秋瑾便常常劝丈夫认真读书，以后才能建功立业，报效国家，可王廷钧却不以为意。

后来，戊戌变法失败，以谭嗣同为首的"戊戌六君子"在街市英勇就义。一直心怀报国之志的秋瑾得知后，感慨万分，夸赞谭嗣同是一位为了国家和民族利益视死如归的伟大志士，而王廷钧却大骂他是中华乱党、士林败类。这种没有知己又满是枷锁的生活让秋瑾感到十分痛苦，但她却无可奈何。

之后，王廷钧谋得了一个户部主事的差事，于是带着家眷进京赴任。秋瑾跌宕起伏的传奇人生随之拉开了帷幕。

在北京，秋瑾结识了她的新思想启蒙老师吴芝瑛。吴芝瑛是曾国藩的入室弟子，也是一位才华横溢的新女性。她不仅秉承父亲遗志，将家中田产悉数捐出，创办学堂，还变卖家中珍藏的名家真迹，赈济灾民。这份"离经叛道"的侠义之心深深吸引了秋瑾。

在吴芝瑛的影响下，秋瑾开始对当时的社会有了更深入的了解，她的思想也悄然发生了变化。她常常去参加吴芝瑛组织的"进步妇女交流会"，和一群志同道合的朋友探讨时政。在这里，她对国家的现状和前景理解得更为透彻，"救亡图存"四个大字开始在她心中萌芽。

1900年八国联军侵华，慈禧太后带着光绪帝仓皇出逃，京城沦陷。国将不复，君将不存，秋瑾决心东渡日本，寻求救国之道，没想到却遭到丈夫的竭力反对。

看着执拗坚持的妻子，王廷钧大声喝道："身为大家闺秀，礼仪规矩、三从四德你也是学了的。救国救民，这都是男人的事情。你整日抛头露面，胡思乱想，如今又要离家出国，我是坚决不同意的!"

秋瑾争辩道:"女人也有保家卫国的责任!如今国难当头,朝廷无能,我去寻求救国之道又有什么错!总之你同意也好,不同意也罢,日本我是去定了!"

王廷钧叹了口气,又道:"那你是要抛弃这个家了?"秋瑾坚定地回答:"我没有。只是'覆巢之下,安有完卵',国亡了,便是千千万万的家亡了。"

为了表示自己的决心,她改换西服,三寸金莲上套着皮鞋,头戴礼帽,手拄细手杖,一副男装打扮,然后去照相馆照了一张照片。

随后,秋瑾变卖了自己所有的财物,毅然决然地登上了开往东京的轮船。

当时,有一大批先进的知识分子与秋瑾一样,来到日本,为中国的未来找寻出路。秋瑾在留学之余,积极参加留学生组织的社团活动,广泛结交革命志士。她常常登台慷慨激昂地演讲,把演说当作宣传革命的武器,成为留学生里的佼佼者,也因此认识了孙中山、徐锡麟等人,并与他们结下了深厚的友谊。

在孙中山的建议下,秋瑾以"鉴湖女侠"为笔名,发表了《敬告中国二万万女同胞》《警告我同胞》等文章,提倡女权,警醒国人。徐锡麟在拜读过这几篇文章后,当面称赞她:"秋先生为国放弃原本安定富足的生活,真是'侠女',当为我中华女子之楷模!"秋瑾却道:"我不过是不愿看到同胞在苦难的深渊里挣扎罢了,算不得什么。"

随后,秋瑾先是加入光复会,后又加入同盟会,为的是能推翻清政府统治,实现她救国救民的理想。

回国以后，秋瑾发现，身边许多女性同胞仍是只知道三从四德，依傍男子，甚至受了冤屈也不敢高声，如同囚徒、牛马。为唤醒思想被捆绑的女同胞，她创办了《中国女报》，宣传妇女解放，争取女性独立。

这时，绍兴大通学堂无人负责。秋瑾假称要为清政府培养军事人才，当地官府很感兴趣，邀请她主持校务。于是，秋瑾入主大通学堂，组织学生进行军事训练。暗地里，她以学生为骨干，积极筹建"光复军"，谋划起义。

但天有不测风云。徐锡麟在安庆起义失败，秋瑾等人身份也随之暴露。革命党人传话，劝秋瑾尽快离开，以保住性命。但秋瑾拒绝说："几十年来，我们国家和人民就像处于肃杀悲凉的秋天，苦难不断，毫无生气。我最敬佩的谭嗣同先生牺牲自己，让变法思想深入人心。如今他们要杀我，这正是为国人埋下革命思想种子的最好时机。"她将与革命相关的文件、名册全部销毁，并让其他人迅速离开，保存革命力量。

很快，大批清兵赶来，他们包围了学堂，将秋瑾抓捕。

当晚，秋瑾便被审讯。审讯官问道："你认识徐锡麟吗？"秋瑾冷笑道："当然，他曾经主持过我所在的大通学堂。"审讯官一拍桌子，又问："那你还不快快供出同党！早点招供，说不定还能饶你一命。"秋瑾仰天大笑说："大人您多次出入大通学堂，不是我们的同党吗？您就在这，为何还要多出此言呢？"审讯官恼羞成怒，一再逼问，秋瑾却拒不吐供，只回答简单的一句："秋风秋雨愁煞人。"

1907年7月15日，秋瑾在绍兴轩亭口被斩首示众。她死时，年仅三十二岁。

秋瑾遇难后,人们怕被视作同党,都不敢为她收尸。吴芝瑛等人闻讯后,悲痛欲绝,冒死将秋瑾尸体"偷"回,埋葬在西湖边。这一义举令海内外革命志士深受鼓舞,更引起了社会各界对秋瑾的广泛同情。一大批爱国文人以笔为器,讴歌秋瑾的壮举,谴责朝廷的恶行,唤醒国人反抗的意识。

"君子之行,动则思义,不为利回,不为义疚。"无论是至亲的阻拦,还是生命的胁迫,都没能让秋瑾放弃自己的信念。她是中华民族觉醒初期的一位伟大先驱,她将自己的一生都献给了国家、民族和人民,她用自己纯洁的血为中国妇女、中华民族播撒了革命的种子。

王昭铭

42　梅兰芳华

——梅兰芳篇

名伶故事感怀深，铁骨铮铮爱国心。
德艺双馨民众赞，舞姿琴曲有知音。

（湖南　唐常春）

院子里，一个身材单薄、大约八九岁年纪的男孩儿，正低着头恭恭敬敬地听着老师的训责。原来，这个学生虽然出自梨园世家，可资质却不算出众。一出戏老师反反复复教了好几天，他还是唱不好。老师实在气急了，说道："你还是别学了，祖师爷没赏你这碗饭。"说完，愤然甩袖离去，留下男孩独自站在庭院中。那孩子咬了咬牙，握紧了拳头，沉默了片刻后，又继续练戏。

这个执拗坚韧的男孩，便是本篇故事的主人公——梅兰芳。梅兰芳是我国著名的京剧表演大师，与程砚秋、尚小云、荀慧生并称京剧"四大名旦"。在当时，只要他上台演出，台下必定是座无虚席，一场演出下来，叫好声喝彩声连绵不绝。梅兰芳不拘泥于传统，勇于创新，集众家之所长，创立了独具一格的京剧旦角艺术新流派——梅派。

梅兰芳虽然是一代京剧大师，生活中却为人温和恭俭，谦逊有礼。他在戏里常扮演旦角，戏外却不失男儿的一身傲骨。

由于年少时的刻苦努力，梅兰芳从"言不惊人，语不出众"的孩童迅速成长为一位名伶，收获了一众的戏迷，并且很快受到了票友们的追捧。一心沉醉在京剧艺术中的梅兰芳不甘于只在国内表演京剧，更想让中华传统戏曲文化走出中国，走向世界，让世界人民感受京剧艺术的精妙绝伦、博大精深。

他终于等到了一个机会。当时，美国驻华公使芮恩施也是梅兰芳的众多戏迷之一。在离任返回美国前，他在为其举办的饯别会上，真挚地邀请梅兰芳去美国巡回公演，并说："若欲中美国民感情益加亲善，最好是请梅兰芳前往美国表演，让美国人看看他的艺术，必有良好的结果。"

得知这个消息后，梅兰芳欣然应允，便开始为赴美表演做准备。但是诸事齐备后，钱款却出现了大问题。梅兰芳为此四处奔走，筹集钱款。虽然困难重重，可是他的态度十分坚决，他说："就是破了产，我也要到欧美一游。"在众人的帮助下，他终于成行。

在美国的演出中，梅兰芳获得了观众狂热的追捧，他的京剧表演使美国掀起一股中国文化热潮。这次巡演将传统戏曲文化带出了国门，也让京剧和梅兰芳在世界闻名。

美国巡演结束后，梅兰芳满载盛誉归国。不久，日本发起了侵华战争。国难当头，匹夫有责，梅兰芳不肯忍辱偷安，也不愿背井离乡、侨居海外，而是奋起反抗，挺身战斗。虽然无法在前线参战，但是胸怀抗日报国之志的梅兰芳不甘于无所事事，他决定依靠自己的声望和影响力，举行义演，并将全部收入捐献出来，用于购买前线战士急需的医药。他还马不停蹄地创作以古喻今的新剧目，希望激起民众的抗日之心，鼓舞他们的抗日斗志。

1933年，梅兰芳和朋友们查阅了许多资料，遴选出宋朝女英雄梁红玉擂鼓战金山的故事：梁红玉亲执桴鼓，和丈夫韩世忠共同指挥作战,将进犯宋朝国土的金军阻击在长江南岸达四十八天之久。根据这个故事,他们创排了一出新戏——《抗金兵》。

舞台上,梅兰芳亲自扮演梁红玉。她身穿铠甲,英姿勃发;擂鼓助战,威风凛凛。一番激战后,梁红玉带领宋兵奋勇前进,杀得敌人丢盔弃甲,大败而逃。戏演到这里,引起观众的强烈共鸣。他们再也抑制不住自己内心的激动,纷纷站起来大喊:"打倒日本侵略者!打倒日本侵略者!"随后便爆发出经久不息的掌声。

这一出戏的成功并没有让梅兰芳志得意满,紧接着他又创作演出了新戏《生死恨》。这出戏描写金兵南犯之时,程鹏举与韩玉娘先后被金将掳去为奴。两人受尽百般屈辱,后结为夫妇。玉娘没有自怨自艾,怨天尤人,反而鼓励丈夫逃离金国,甚至不惜牺牲自己的生命帮助鹏举逃回故国投军抗敌。

舞台上,梅兰芳扮演韩玉娘。她悲愤地唱道:"说什么花好月圆人亦寿,山河万里几多愁。金酋铁骑豺狼寇,他那里饮马黄河血染流。尝胆卧薪权忍受,从来强颈不低头。思悠悠来恨悠悠,故国月明在哪州。"观众每每听到此处,便感受到国破家亡的悲戚与奋起抗敌的壮烈,都跟着一起洒泪悲歌,台上台下形成了一个山河同悲的悲壮场面。

日寇得知梅兰芳借戏文宣传抗日,便派人监视他。后来,日寇还采取各种手段威逼利诱,试图邀请梅兰芳为日方演出。为了不让日本人的诡计得逞,梅兰芳毅然决然地留起了胡子。

儿子看到梅兰芳一向干净光滑的脸上突然冒出的胡茬,不解地问道:"爸爸,你怎么开始留胡子了?"梅先生看着年幼的儿子,俯下身,摸了摸他的头,慈爱地回答道:"只有这样,日本人才无法强迫我去给他们唱戏啊!"

这一天,汪伪政府的褚民谊突然闯进梅家,威逼梅兰芳,要他作为团长率领剧团赴南京、长春和东京进行巡回演出,以庆祝所谓的"大东亚战争胜利"。梅兰芳用手指了指自己的脸,镇定地说道:"我都留了胡子,也很长时间没有吊嗓子,早就不演戏了。"

褚民谊阴险地笑道:"胡子可以刮掉嘛,嗓子吊几天也就恢复了。"梅兰芳冷冷一笑,讥讽道:"你不是一直也喜欢唱戏吗?听闻大花脸唱得甚是不错。你若是亲自带团演出,简直再合适不过了。"褚民谊听到这话,气急败坏,十分难堪。他也不知道该如何反驳,随便应付了两句就落荒而逃。

不久之后,梅兰芳开始闭门谢客,不再登台演出。但不演出便没有了经济来源,梅家生活日益窘迫。如何生存下去成了梅兰芳面临的难题,他有些无奈地问夫人:"这样下去,家里马上连饭都吃不上了,这可如何是好?"

夫人想了想,说道:"如果将你的那些画作卖出去,或许能解这燃眉之急。"梅兰芳觉得这倒是一个不错的办法。他平时就喜爱写写画画,而且也颇有功底。把作品卖出去换些钱,也不违背自己抗日的意愿。后来,大家在得知梅兰芳的处境后,非常敬佩他不畏敌寇的民族气节,争相购买他的画作。还有人提出,要为梅兰芳办画展。梅兰芳很高兴,为了不辜负大家的期望,他日夜创作,拿出了一批画作。

日伪汉奸得知这一消息后,自然不肯罢休。在画展开始的前一天晚上,他们派人偷偷潜入展厅,把写有"送东京展览"之类的字条贴在画上。第二天,梅兰芳兴冲冲地来到展厅,却看到这一幕情景，顿时气得两眼冒火。他立即拿起桌上的裁纸刀，毫不吝惜地将一幅幅作品划破撕毁。

此后，梅兰芳再也没有卖过画，靠着典当一些值钱的家当度日。直到抗日战争结束，他才再次登台演出。各界人士都被梅兰芳的气节所折服，戏剧家田汉还曾为此写诗赞道："八载留须罢歌舞，坚贞儿辈出伶官。"

《三国志》中说："士有百行，以德为首。"梅兰芳一生都在演戏唱戏，对艺术孜孜不倦地追求，这使他在艺术上达到了登峰造极的境界。但他更是一位铮铮铁骨的君子，在国家危难之际，蓄须明志，彰显一身傲骨；面对强权逼迫，泰然处之，不卑不亢地回击。认真唱戏，清白做人，他用自身的行动诠释：常思奋不顾身，而殉国家之急。

张梦雨

43 骏马飞鸿

——徐悲鸿篇

矢志求精图豹变,不凡慧眼举奇才。
谁能破壁鸣奔马,誉满中西敢夺魁。

(广东 吴雁程)

1934年春的一天,莫斯科博物馆大厅被围得水泄不通。人群中央,一位青年人正挥毫泼墨,只见他寥寥数笔之后,一匹异常神俊的奔马便跃然纸上。一旁的观众被他气韵兼具的画作所震撼,纷纷鼓掌叫好。这时,一位身穿戎装、威风凛凛的元帅拨开人群走到画前,他双眼放光,对青年人说道:"徐先生,请将这匹马赠给我吧,否则我会发疯的!"青年人被元帅的幽默逗笑了,欣然答应。

苏联元帅非常高兴,他热烈地拥抱青年人,大声称赞说:"你不仅是东方的一支神笔,也是属于世界的一支神笔。你笔下的奔马,比我之前骑过的那些战马更加奔放、健美!"

这位用一幅画就征服了在场观众的青年究竟是谁?他画的马凭什么能让那位苏联元帅为之倾倒?他就是本篇故事的主人公,被誉为"中国近代绘画之父"的绘画大师——徐悲鸿。

徐悲鸿自幼便随父亲学习诗、书、画、印。十七岁那年,他就成为了当地有名的乡村画家,在学校任图画课教师。父亲病逝后,不甘心于只当一个美术老师的徐悲鸿怀着梦想,前往上海、北京等地深造。

在受到五四新文化运动和西方美术熏陶后,他提出"古法之佳者守之,垂绝者继之,不佳者改之,未足者增之,西画之可采者融之"的主张,力主进行中国绘画的改革。他坚信,只有以西方画的写实,才能扭转当时中国画坛萎靡衰颓的风气。为了实现自己的主张,他决定远渡重洋,学习正宗的西方绘画。

1919年,徐悲鸿前往巴黎,凭借自己的实力考入了国立巴黎高等美术学校。在学校里,他有幸先后师从弗拉孟、达仰等艺术大师。

20世纪20年代的中国内忧外患,那时在国外的中国留学生经常会受到一些外国人的歧视与排挤。徐悲鸿也不例外。

一次聚会上,有个洋学生指着徐悲鸿的鼻子,借着酒气说:"中国人愚昧无知,生来就是当亡国奴的料,就是把你们送到天堂去深造,也改变不了什么!"

话音一落地,周围人或冷眼旁观,或嘲笑蔑视,或沉默不语。而一向与人为善的徐悲鸿听了这番话,心中的爱国激情被点燃,立刻起身对那个洋学生说:"先生,你既然说中国人成不了才,那我们就来比一比。"

洋学生梗着脖子说:"比就比,我可不怕。"徐悲鸿淡然一笑,说道:"既然如此,先生你代表你的国家,我代表我的国家,就比这学期结业的成绩。看看到底谁是天才,谁是蠢材。"

在国外留学的日子并不好过,生活费的发放时断时续,徐悲鸿经常只能饿着肚子画画。为了那句赌约,也为了祖国的荣誉,他更是把自己逼到极致。一个基础的人物素描,他会从各个角度画上好几幅。他还经常带上一块面包一壶水,去卢浮宫、凡尔赛宫等巴黎各个著名博物馆临摹作品，一坐就是一整天。

"书痴者文必工，艺痴者技必良。"凭借自己的勤奋刻苦与卓绝天赋，徐悲鸿在巴黎画坛崭露头角。在进入美术学校学习的第一年，他的画作就受到老师弗拉孟的赏识。紧接着在一次竞赛中，徐悲鸿更是拔得头筹。

之后，徐悲鸿佳作频出，《老妇》《箫声》《抚猫人像》《远闻》等作品相继问世。仅1927年一年，他就有九幅作品入选法国国家美术展，获得很高的赞誉。

而那位对徐悲鸿出言不逊的洋学生，对比双方的成绩，只能甘拜下风，承认是自己有眼不识泰山。

长达八年的留学生涯结束后，三十二岁的徐悲鸿启程归国。他决心要将自己在西方美术中学到的知识运用起来，重振中国的美术教育事业。

1928年底，徐悲鸿出任北平大学艺术学院的院长，开始着手自己的教学改革。他认为，要提高绘画水平，首先就要打破传统的观念，贯彻写实原则，并在此基础上创立素描基础论。

而破旧立新必须要有足够的师资力量，但是当时的中国美术界，有几个人能突破旧模式的禁锢呢？齐白石算是一个，他自创的红花墨叶大写意得到了业内认可，影响很大。徐悲鸿认为，自己和齐白石对艺术的见解十分契合。于是，他打算请齐白石到学校任教。

这天，徐悲鸿来到齐白石的住处。两人寒暄过后，徐悲鸿说明了来意："实不相瞒，早就听闻大师画技高超，我此番冒昧前来，正是为了邀请您来我们学院任教。"

齐白石捻着胡子，微笑谢绝："承蒙先生看得起我。只是我年纪大了,让我教那些能当我孙子的孩子们,怕是我这把老骨头承受不住啊。先生的好意,我心领了。"徐悲鸿不愿放弃,继续劝道:"大学里的教授们,多的是头发花白的呢!不提这个,就说齐先生出众的画技,由您来指点迷津,我国的美术事业何愁不能焕发生机?"

齐白石态度很坚决,摇头说道:"担任教授一职,恕难从命,先生还是另寻高明吧!"

几天后,徐悲鸿再次登门,齐白石还是以年老推辞,没有答应。徐悲鸿依旧不打算放弃。

又过了几天,徐悲鸿前往齐白石的住所,不料走到半路就下起了雨。徐悲鸿没带伞,但他也没打算返回,而是冒雨前行。等到了齐白石的家,他已经全身湿透,衣服湿哒哒地直往下滴水。

看到徐悲鸿这副落汤鸡模样,齐白石呆住了。他没有说话,而是回到椅子上坐了许久,这才叹了口气说:"我一直拿着年老的借口搪塞你,说实在的,真对不起徐先生你的一片赤诚之心。"徐悲鸿在一旁恭敬地听着。

齐白石缓缓道出自己几番拒绝的真正原因,他说:"老朽一介木匠出身,没有进学堂接受过正式的绘画学习,登台教授绘画也缺乏经验,害怕他人非议,又担心学生们顽劣,恐难当大任。"

"在晚辈看来,先生的顾虑是没有必要的。"徐悲鸿真切地说,"教课的资格,在于是否有真材实料,而非出身如何。有些人毕业于名校,也不见得有什么能力。反观先生,您大胆融合传统写意与民间绘画的技巧,风格独特,不但能教学生,也可以教我徐悲鸿。"

齐白石摆摆手:"哪里哪里,你过誉了。"

"事实如此，先生也不必自谦。"徐悲鸿接着说，"先生上课时，不用面面俱到，只需作画示范，再在一旁点拨即可。先生也不必担心有人不服，等开学了，我陪着您，为您护驾。只要先生肯教就行。"

齐白石手扶拐杖，半响才轻轻点头应道："那姑且试试吧。"

开学那天，徐悲鸿亲自驾着马车把齐白石接到学校，又亲自将他送进教室。考虑到齐白石年事已高，徐悲鸿还给予他很多关照：冬天生火炉，夏天装风扇，刮风下雨时派车接送，可谓是无微不至。

徐悲鸿曾两次出任北平艺专的院长，不过任职过程并不顺利。他饱受质疑和批判，也曾因势单力薄、孤掌难鸣，黯然离开北平。即便如此，他还是坚持自己的主张，以国画创新与实践为己任。最终，他赢得了胜利。直到今天，当初的北平大学艺术学院，如今的中央美术学院，依旧遵循徐悲鸿当时的主张，重视基础人物素描，追求写实主义。

正如《周易》中的一句话："君子豹变，其文蔚也。"君子就像豹子一样，出生丑陋且普通，但是经过自己的勤学求知、改革创新，最终会像成年的豹子一样，矫健美丽，成为一名志士君子。世人皆知徐悲鸿爱画马，也擅画马。他笔下的马，或奔或跃，或长嘶或低鸣，千姿百态，却都是一样的昂扬奋发、积极向上。而他本人也像极了自己笔下的马，始终傲然奔跑于浑浊纷杂的人世，用手中的画笔绘出希望，一刻也不肯停歇。

周丽阳

44　胸怀霜雪

——梁思成篇

中外蜚声一老兵，大师建筑铸精英。

心忧国事凝风骨，岁月支离玉宇清。

（意大利　金冠军）

1947年4月，美国普林斯顿大学在庆祝建校两百周年之际，特别授予了一位中国教授荣誉博士学位。在学位颁发仪式上，校长宣读了对这位中国教授的赞词："一位创造性的建筑师，以及建筑历史的讲述者，在中国建筑史研究和探索方面的开创者，也是恢复、保护他本国建筑遗存的带头人。"

获得如此殊荣的，便是本篇故事的主人公——梁思成。他是中国近代著名建筑历史学家和建筑教育家，是耗尽心血写成鸿篇巨作《中国建筑史》的伟大建筑师，也是以保护古建筑为己任的不凡之人。

1924年，梁思成和好友林徽因共赴美国宾夕法尼亚大学留学。在校期间，梁思成系统地学习了西方建筑史。

有一天，一位教授把梁思成请到自己的办公室。他笑着问梁思成："你是中国来的留学生，能不能给我讲讲中国的建筑呢？"梁思成当场愣怔，因为他发现自己对中国的建筑几乎没有了解，而他手边只有一本父亲寄来的讲述中国建筑的《营造法式》，这本北宋年间出版的古书对他而言却犹如天书。

从教授那里回来，梁思成将《营造法式》取了出来。看着这部典籍，他叹了口气，感慨万分，觉得我们国家有漫长的建筑历史，却没有产生自己的建筑学和建筑教育；有高度的古代文明，却迟迟没有产生科学的知识体系。自那之后，梁思成的目光转到学术领域几乎是空白的中国建筑史上。

1928年，梁思成和林徽因结婚，夫妇二人一起前往东北大学任教。在那里，梁思成创建了建筑系，并按照"东西营造方法并重"的理念设计了崭新的建筑学课程体系，希望能就此培养出一批具有中国式建筑审美标准的建筑师，从而推进中国建筑教育事业的进步。

后来，梁思成夫妇辗转到了北平，加入了研究中国古代建筑史的营造学社。

在此之前，许多外国专家对中国的古建筑进行过考察。有日本学者断言："在中国大地，不存有比1038年建造的华严寺更为古老的建筑。想要了解唐代建筑，还是应该来日本。"这一说法大大刺激了包括梁思成在内的中国年轻学者。

所幸"功无枉使，地不亏人"，营造学社成员经过坚持不懈的努力，终于在河北蓟县发现一座古老的木结构建筑——独乐寺。经考证，这座独乐寺的历史可追溯至唐朝，所存最早的建筑物重建于辽代，早于当时中国已知最早的古木建筑五十一年。惊喜之余，梁思成连忙提出了保护独乐寺的建议，试图以他瘦弱的肩膀承担起保护我国传统文化的重任。

之后的几年里，以梁思成为首的营造学社社员足迹遍及大江南北。经过艰苦考察，他们共测绘整理了200多组建筑群，完成测绘图稿1898张，留下一批研究中国古代建筑的稀世珍品，为中国建筑学学科体系的建立作出了巨大贡献。

1937年7月,梁思成夫妇等人一道前往山西考察。这一次,梁思成依照法国学者伯希和的记录和《敦煌石窟图录》的线索,试图寻找古老的大佛光寺。

一路遭遇无数艰险坎坷,他们翻山越岭走了足足两天,才到达目的地。那时正值傍晚时分,夕阳的余晖笼罩着一处殿宇。众人走近一看,只见匾上写着"佛光真容禅寺"。

众人十分激动。虽然天色已晚,但都毫不犹豫地从檐下的空隙攀爬进入殿内,进行测绘。然而时光久远,殿内尘土厚重,屋顶有蝙蝠盘踞,木材中又有数不清的臭虫,测绘工作非常困难。众人不顾危险,爬上殿宇的横梁,钻进低矮的缝隙,一边躲避蝙蝠和臭虫的攻击,一边做测量记录。

几天下来,始终没能找到确切的证据证明这座寺庙的建筑时间。这一天,梁思成正在殿内梁底观测。突然,他大声喊道:"徽因,快来!"林徽因闻声跑来,只见那段木头上有一处斑驳的墨迹,书写着这座寺庙的建构时间。经过仔细辨认,这座佛光寺建于公元857年(唐代大中年间)。夫妇二人喜极而泣,这一国家宝藏的发现打破了日本学者"在中国大地上没有唐朝及其以前的木结构建筑"的断言,在中国古代建筑史上留下浓墨重彩的一笔!

然而就在此时,"七七事变"爆发,日本人发动了全面侵华战争。梁思成一家为躲避战火辗转迁徙,后来到了四川宜宾的李庄。不久,林徽因便病倒了,梁思成承担起整个家庭的重任。他年少时曾遭遇车祸,导致他的脚有些跛,需要靠铁支架支撑上半身,但就在这种情况下,他学会了给妻子打针注射,学会了做各种家务活。

"荷尽已无擎雨盖，菊残犹有傲霜枝"，生活的艰辛没能消磨掉梁思成对建筑学的热爱。在这里，他开始撰写酝酿已久的《中国建筑史》一书，将之前营造学社测绘的大量资料进行系统的整理和研究。同时，他还和好友一起着手制作英文版的建筑图稿，以期战后可以将这部关于中国建筑的史书呈现在世界读者面前。

梁思成对古建筑的保护非常关心。1944年，他担任重庆战区文物保存委员会副主任。在此期间，他编制了详细的文物目录，制定了华北及沿海各省文物建筑表，并在军用地图上标明以尽量避免战争的毁坏。

令人惊讶的是，梁思成还在军用地图上郑重地将日本古都京都和奈良的名字标出，希望它们也能免遭战火。能做到对世界上其他国家的文化遗产也一视同仁，梁思成的眼光、胸襟和气魄着实令人感叹。

新中国成立后，梁思成参与新首都的规划建设。绵延如颈环的古城墙，象征封建统治的城门、行宫，阻挡道路建设规划的塔和寺，许许多多变成残砖破瓦。见此情景，梁思成痛心疾首，他说："拆掉一座城楼像挖去我一块肉，剥去了外城的城砖像剥去我一层皮。"为此，他撰写《关于北京城墙存废问题的讨论》等多篇文章分析利弊，阐述自己的建议，竭尽全力地为保护古建筑奔走呼告。

孔子曾说："君子修道立德，不谓穷困而改节。"梁思成的一生，正是这句话的真实写照。家国动荡的岁月里，他苦心研究中国的古建筑，为中国建筑学体系打下扎实根基；战火纷飞之中，流亡生活也没能磨灭其意志，他仍旧拖着状况欠佳的身体，为保护和发扬中国古建筑做着努力；新中国成立后，即便不被世人理解，都没能打消他对古建筑的一腔热忱。如此君子，似寒梅迎霜傲雪，哪怕是漂泊零落，也依旧高洁处世，百代流芳！

姜雪涵

45　魂萦兰考

——焦裕禄篇

焦桐林立挂长空，一片冰心志不穷。
排涝固沙阡陌碧，景行行止仰高风。

（河南　方留聚）

二十世纪五六十年代，有户人家家中有九口人，却只有六口人有口粮，生活极为清苦。一年春节，国家决定拨一笔生活补助，来帮助一些经济比较困难的家庭。工作人员担心这家的户主再次拒绝国家补助，便在没有通知户主的情况下，把他的名字写在了受补助人员的名单中。户主发现后，立即将自己的名字画去。他说："我有困难，自己能解决，不需要国家的救济。"不仅如此，他还建议给其他经济困难户多发些补助。

他，就是被誉为"党的好干部""人民的好公仆"的焦裕禄。他坚持"任何时候都不搞特殊化"，做到艰苦朴素、廉洁自律，心里始终装着人民。而他最令人钦佩的地方，就是在担任县委书记期间，带领兰考人民整治"风沙、盐碱、内涝"三大自然灾害，走上了脱贫致富之路。

那时的兰考县，遭受着各种自然灾害，粮食几乎绝收。整批整批的兰考人逃荒他乡，另谋生路，兰考县成了全国出了名的"乞丐县"。

面对这样的情况，党组织急需调任一名县委书记到兰考主持工作，但无人愿意前往。最后，找到了当时已经身患肝病的焦裕禄。他一听是组织的决定，二话不说就答应了，并且说道："兰考是个大有作为的地方，它能锻炼人的意志，培养人的革命品格。"

1962年年底，焦裕禄到兰考就任。不久他便发现，兰考的困难不仅来自于自然灾害，更来自于县里的那些干部们。他们精神萎靡，缺乏斗志，这样的心态，怎么能带领人民群众战胜困难呢？焦裕禄觉得，要想改变兰考县的面貌，就必须先改变县里干部群体的精神面貌。他决定先从县委领导班子的思想观念转变抓起。他来到副县长张奇的家里。寒暄过后，焦裕禄说明了此行的目的。他虚心地问道："您是老同志了，在兰考工作的时间也很长，您觉得我们现在的干部群体怎么样？"张奇知道焦裕禄是真心想要帮助兰考县的，就认真回答道："现在的干部群体中，有的同志觉得兰考是重灾区，生活苦，不愿意留在这里工作。"焦裕禄对张奇说："对！所以我们现在的首要任务，就是对干部思想进行整治，否则兰考的'三害'治理就不可能成功。"张奇深表赞同。

有了老同志的支持，焦裕禄立刻召开会议进行部署，在各级干部中展开深入的思想工作。不久，干部队伍的面貌焕然一新。

风沙、盐碱、内涝已经祸害了兰考人民多年。但是，全县的沙丘、风口到底有多少？盐碱地分布和盐碱化程度又是如何？水的流向又是什么样的？哪里需要挖河开沟？焦裕禄觉得，"纸上得来终觉浅，绝知此事要躬行"，只有通过大量的走访调研，才能摸透实情，掌握规律，制定合理的治理规划。于是，他亲自组织了一个调查队，深入乡村，详细了解兰考"三害"的情况。

很快，焦裕禄就初步掌握了县里"三害"的情况，但是如何治理呢？他决定向有经验的人请教。

焦裕禄先来到了老饲养员肖位芬的家里，向她询问防风固沙的好办法。肖位芬告诉焦裕禄，泡桐树能压风、挡沙。焦裕禄又陆续拜访了许多群众，发现大家都对泡桐树赞不绝口，甚至有"一年掘一棵，富贵不断头"的说法。于是他拟订方案，发动兰考人民大量种植泡桐树。这个举措为治理风沙灾害发挥了巨大作用，还为兰考提供了一条经济发展的新道路。

接下来就是治理盐碱问题了。兰考的盐碱地众多，有二十六万亩。焦裕禄亲自带队下乡，寻找治理盐碱地的方法。

一次，他来到了一块重碱区，发现有一小片地上的植物生长得非常旺盛。焦裕禄心头一动，连忙折下其中一株植物，向附近的老农询问："大爷，您知道这是什么吗？怎么长得这么好？"老农告诉他，这是三春柳，特别耐盐碱！焦裕禄一听，喜出望外。"那其他的植物能不能在盐碱地上生长呢？"焦裕禄继续问道。老农笑而不语，他把焦裕禄领到一块地上，向他展示自己正在做的事情：将其他地里的淤土运来，压在盐碱地上，然后再在上面种菜。老农告诉他，这样种出来的菜能长得很好。焦裕禄对这一创举惊叹不已。回去以后，焦裕禄便动员大家广种三春柳，并推广"翻淤压碱"的方法。除此之外，他还号召全县各地充分利用各自的优势，因地制宜地发展生产。有鱼塘的，要养鱼种藕；有沙地的，可以种植白蜡条。不久，兰考的农业生产就逐步走上了正轨，人民群众的收入也逐渐增加。

最后是内涝问题了。焦裕禄一直想搞清楚兰考的水势流向问题，所以一下大雨，他就带人在雨里勘察，绘制水势地形图。不仅如此，在雨中，他还要通知干部带领群众排水防涝，或者直接加入抗险工作，指导人们搬粮食、修房子、修整排水渠……每每看见雨中忙忙碌碌的焦书记，大家都很担心他的病情，劝他去休息，焦裕禄却总是不以为意。

病魔的纠缠，终于让焦裕禄倒下了。1964年5月的一天，医院发出了病危通知书，显示焦裕禄已经是肝癌晚期。但得知这个噩耗的焦裕禄却很平静，他沉默了一会儿，然后微微抬起头，对前来看望他的人说："我没能实现兰考人民的愿望，我对不起兰考人民！"

直到生命的最后时刻，焦裕禄心里惦记着的还是兰考。他断断续续地说着自己的遗愿："我没有实现兰考人民的要求……心里很难过……我只有一个要求……请……把我葬在兰考……埋在沙丘下……死了也要看着兰考人民把沙丘治好……"

1964年5月14日，年仅四十二岁的焦裕禄，永远地离开了他热爱的兰考。从上任的第一天起，焦裕禄几乎每天都奔走在群众当中，奔走在风沙泥水中，用实际行动为自己的庄严誓言而努力拼搏着。虽然他在兰考仅仅工作了四百七十五天，但却赢得了兰考人民的衷心爱戴和拥护，他永远活在老百姓的心里。

"意莫高于爱民，行莫厚于乐民。"焦裕禄用一腔热血浇灌出兰考的幸福之花，用实际行动感动、影响了许许多多的中国人。他的高尚品质被誉为"焦裕禄精神"，被概括为"亲民爱民、艰苦奋斗、科学求实、迎难而上、无私奉献"。他是新时代中华民族传统美德的继承者和传播者，是值得我们铭记和学习的当代君子榜样。正是：三害扫除一命终，丹心碧血沃梧桐。英魂昨夜归兰考，几被糖衣裹面容？（安徽何怀玉撰写本诗）

阮闵妍

46　两弹元勋

——邓稼先篇

沥血黄沙染核尘，甘为报国尽终身。
蘑云腾爆惊环宇，铸剑中华第一人。

（山东　牛艾滨）

1937年7月7日，日军发动卢沟桥事变，北平沦陷。时任大学教授的邓以蛰本来也想随校迁往大后方，但由于身体原因，只好滞留在北平。此时他正为一件事情担忧：自己年仅十三岁的儿子无法忍受日军的嚣张气焰，当众把一面日本国旗撕得粉碎，并扔在地上踩了几脚。这件事发生后，儿子学校的校长一方面四下周旋，另一方面劝说他，要他尽早让孩子离开北平。

无奈之下，邓以蛰只得安排孩子南下昆明。临走前，他说："儿子，以后你一定要学科学，科学对国家有用。"这句话深深地印刻在了儿子的心里。他的儿子，就是邓稼先。

说起邓稼先，人们总会在前面加一个称谓：两弹元勋。他是中国核武器研制的主要组织者、领导者，成功地设计了中国的原子弹和氢弹，把中国国防自卫武器引领到了世界先进水平。

邓稼先在父亲的安排下前往昆明，考入西南联合大学物理系。从西南联大毕业后，为了学习更多的知识建设祖国，后来他决定去美国深造。到美国后，邓稼先进入印第安纳州的普渡大学学习，跟随导师攻读理论核物理。导师给邓稼先选定了一个题目——"氘核的光致蜕变",这是核物理领域的一个时髦问题,也是一个触及核武器技术的选题。邓稼先敏感地察觉到这方面的研究可能对国家发展有重大用处,于是静下心来,努力学习。由于刻苦勤奋,不到两年,邓稼先就获得了博士学位。此时他年仅二十六岁,人称"娃娃博士"。邓稼先的成就,纳入了美国政府的视线,美国政府打算用更好的科研条件、生活条件把他留在美国,他的老师也希望他留在美国,同校好友也挽留他,但邓稼先婉言谢绝了。在拿到博士学位的第九天,他毅然踏上了回国的旅途。

归国后,在北京外事部门的招待会上,有人问他:"这次回国你带了什么回来?"邓稼先笑着说:"带了几双袜子送给父亲,还带了一脑袋关于原子核的知识。"

不久,有关领导找到邓稼先,对他说道:"国家要放一个'大炮仗',你是否愿意参加这项严格保密的工作?"邓稼先一听就明白了,这是要造原子弹,这不正是自己回国的目的吗?

"我听从组织安排。"邓稼先义无反顾地同意了。他明白,这就意味着自己再也不能照顾妻儿老小,也不能与家人通信联络。

回到家后,邓稼先犹豫再三,不知道怎样向妻子开口。妻子许鹿希也发现了丈夫的不对劲,便问他发生了什么事情。

"我要调动工作了。"邓稼先轻声说道。

"调到哪里呢?"许鹿希感到意外。

"这不能说。"邓稼先低着头答道。

许鹿希沉默了,过了半晌,接着又问:"那你给我地址,我要和你通信。"

"这也不行。"邓稼先坚定地说,"我今后恐怕照顾不了这个家了,家里就全靠你了。"

听到这儿,许鹿希没再多问,只是默默地流泪。邓稼先克制住情绪,接着说道:"我的生命从此就献给未来的工作了。做好了这件事,生命就有意义,就是为它死了也值得。"

从话语里,许鹿希知道丈夫要做的是利国利民的大事,虽有万般不舍,但她深知丈夫责任在肩,自己不能用琐事来劳烦他。于是她说道:"放心吧,我是支持你的。"

第二天,邓稼先的名字便在所有学术刊物和对外联络中消失了,他的身影只出现在警卫森严的院子里和荒无人烟的大漠戈壁。

邓稼先被任命为原子弹理论研究的总负责人,他带领大家向苏联专家学习原子弹的设计理论。然而好景不长,随着中苏关系的破裂,苏联单方面撕毁了协议,并且撤走了所有的专家。苏联人甚至连一张纸片都不留下,还讥讽地说:"离开外界的帮助,中国20年也搞不出原子弹。"

中共中央决定:"自己动手,从头摸起,准备用八年时间搞出原子弹。"然而,要在八年内研制出我国的"争气弹"又谈何容易!

原子弹设计需要用到庞大、复杂的数据运算。由于条件艰苦,同志们只能使用算盘进行计算。有时为了演算一个数据,大家一日三班,接力计算。为了保证数据的准确性,还要反复运算。算一次,要一个多月,算九次,就要花费一年多时间。邓稼先跟班指导大家运算,很少休息。有时候,他因为过度疲劳导致思维中断,就会着急地说:"唉,一个太阳不够用呀!"

当时正值三年困难时期,虽然国家有补贴,但是大家还是经常感到饥肠辘辘。无奈之下，邓稼先找到了在中央工作的岳父，请他支援了一些粮票。他把这些粮票全部换成饼干，带回基地给同志们充饥。

就在这样艰苦的条件下，邓稼先带领科研人员基本完成了原子弹的理论设计和计算，朝着第一颗原子弹的爆炸迈出了一大步。

功夫不负有心人，1964年10月，邓稼先在原子弹爆炸方案上签下了自己的名字。

可就在这时，邓稼先接到了母亲病重的消息。此时正值原子弹爆炸的关键时刻，作为负责人，他决定留下来。

10月16日15时，中国第一颗原子弹在新疆罗布泊爆炸成功，轰隆声响彻云霄，蘑菇云腾空而起。在场的科学家们先是不敢相信自己的眼睛，等反应过来后，大家欢呼雀跃、热情拥抱，一个个流下了激动的泪水。这颗"争气弹"的研制，中国只用了五年时间！

使命完成后，邓稼先马不停蹄地从基地赶到北京，去见母亲最后一面。在母亲病床旁边，邓稼先紧紧攥着母亲的手，长跪不起。他的母亲此时已没有力气说话，她看着自己的儿子，眼中充满了慈爱。在母亲最需要他的时候，他却没能在母亲身边，这是邓稼先一生中最难过的时刻。

原子弹成功爆炸之后，邓稼先等人又承担了中国第一颗氢弹的理论设计任务。经过艰苦努力，他们提出了方案。按照这个方案，最后终于制成了氢弹，并于原子弹爆炸后的两年零八个月试验成功，创造了当时世界上最快的研制速度。

在一次空投试验中，由于降落伞没有打开，原子弹直接摔向地面，现场极度危险。派出去的生化兵始终没有找到核弹的踪迹。邓稼先决定亲自去寻找。同志们坚决反对,基地司令拦住他说:"老邓,你不能去,放射物侵入人体就完了!"

邓稼先很清楚放射性物质对人体的伤害,但他还是不顾众人的反对,奔往事故地点。最后,核武器被找到了。他赶忙下车,同行的人也要跟着过去。邓稼先急了,第一次以院长的口气命令道:"回去,你们还年轻!"

这颗原子弹已经被摔碎。为了尽快弄清事故的原因,以免发生爆炸,他竟然将核碎片捧在手里检验。也正是由于这个举动,放射性物质严重侵蚀了他的身体。后来发现,他的小便中带有放射性物质,肝脏受损,骨髓里也侵入了放射物。

但是邓稼先并没有停止工作。当时西方国家开始准备核禁试,想以此来遏制中国。预感到自己时日无多的邓稼先说得最多的一句话就是"要抢时间",他带领科技人员争分夺秒,向中央提出并起草一份建议书。后来,由于他的这一敏锐的远见,使中国的核弹研究终于赶在全面禁止核试验之前达到了实验室模拟水平。

1986年7月29日,邓稼先不幸病逝。即使在生命的最后一刻,他仍旧念念不忘自己的祖国,他留下的最后一句话是:"不要让人家把我们落得太远。"

《易经》说:"君子以致命遂志。"二十八年里,邓稼先隐姓埋名,呕心沥血,无私奉献,为中国核武器的研发作出了重要贡献,给予了中华民族捍卫尊严的最强盾牌。他是"中国几千年传统文化孕育出来的有最高奉献精神的儿子",是保家卫国、大音希声的真君子。

李晨睿

47　十里林洲

——杨善洲篇

扶贫植树苦心求，退位还乡造绿洲。
捐献金山真善举，感天动地万民讴。

（重庆　彭晓）

一天，云南省施甸县的一位副县长急匆匆地走到县政府大门口，对一群老干部说："快去看看吧！杨书记又提着个塑料袋在大桥头捡果核了！你们老一辈去说说吧，快叫他不要再捡了！要多少钱，我批给他！"哪知这位杨书记知道后，笑着说："财政又不困难，批什么钱？就算批到了钱，能买到我这本地的老品种？能适合在施甸种？我去那儿捡捡怕什么，又不丢哪个的脸。"

这位捡果核的书记就是杨善洲。退休后的杨善洲，本可以安享晚年，但是他却做了一个让人匪夷所思的决定——回到家乡施甸县，在荒芜的大亮山上种出一片绿洲。而他的故事，就要从他退休那天说起。

1988年3月，时任保山地委书记的杨善洲退休了。领导找到这位六十岁的老人，希望他搬到四季如春的昆明去养老。可杨善洲却说："我要回到施甸去，回大亮山上种树！"

有人劝他说："施甸那么穷，大亮山都荒了，连野樱桃都很难活，你又不是不知道！你要想种树，可以在保山种树啊！"但是杨善洲的态度很坚决："一人种一亩，三亩吃不饱。如果再这样下去，施甸的子孙后代怎么办？我一定要'植树扶贫'！"

那人问他："可你已经退休了，打算怎么种？"杨善洲便把自己的想法讲了出来："现在不是提倡山林承包到户嘛。我们可以搞个创新，施行'国家社会联合建林场'。"

回到家，他把自己的想法告诉了妻子。妻子也不赞同，劝他说："你年纪那么大了，树成林了，你也看不到啊。"可杨善洲毫不动摇。

最终，他得到了云南省的财政支持，还组建了一支由数十名科技人员组成的技术团队。

施甸县的人民群众听说老书记要回来植树造林，带大家一起致富，都非常兴奋。他们夹道欢迎杨善洲等人的到来。

回到施甸的第二天，杨善洲就带领科技人员一同前往大亮山进行调查研究。三月的大亮山还有些微寒，随风袭来的阵阵尘土，吹得人睁不开眼。在杨善洲的记忆里，这里曾经是一个山清水秀的地方，但如今已是"半年雨水半年霜"了。看着这沙土遍地的山脊，杨善洲的心情变得越来越沉重。他不断地告诉自己：施甸要想长期发展，就必须先改善生态环境。只有这样，县里的经济才能得到发展，老百姓才能真正脱贫致富。

他们一行人风餐露宿，花了整整二十四天，才一步步地走过大亮山的每一寸土地，掌握了大量的第一手资料。

调研结束后，杨善洲立即成立了"大亮山造林指挥部"，成员包括原先的科技团队和本地的一些骨干，他自己则亲自担任总指挥官。

当晚，全体人员围着篝火，召开了第一次全体会议。在短暂的商讨后，杨善洲决定把所有人员分成三组：一组是"宣传动员",做好群众动员工作;另两组负责"整墒"和"育苗",要抢在五六月份雨季来临之前,在大亮山上栽种至少万亩树苗。

但是没过多久,杨善洲就发现,要在短时间内完成万亩种树计划可没那么简单。为了赶进度,他就和大家一起早出晚归,整天都在山上。种树工作非常辛苦,有些人回来后,累得连饭都不想吃。

杨善洲看在眼里,内心很是愧疚。有时候,他也会对自己的决定产生怀疑,真的能带领大家致富吗?万一失败了呢?可是,当他看到大家都在努力奋斗,没有人叫苦叫累时,又觉得很是安慰。他想:再苦再累,都要忍着,曙光就在前头。

"苦心人,天不负,卧薪尝胆,三千越甲可吞吴。"他们终于赶在雨季之前,将万亩树苗栽种完了。往日荒芜的大亮山开始有了星星点点的绿色,这让大家信心倍增。

在这之后,为了了解树苗生长情况,杨善洲每天都会跑到大亮山上观察。一次,杨善洲同工人们一起给树修枝。他一不小心踩到青苔上,脚下一滑,摔倒在地上,导致左腿粉碎性骨折。只休养了半年,他就拄着拐杖又爬上了大亮山。他说:"这山现在怎么样了,我不亲自看看,不放心。"

林场建起来了,施甸的生态环境大为改善,但是老百姓的钱包却还没有鼓起来。杨善洲开始思考:怎么样才能把植树造林和脱贫致富结合起来,带领老百姓走向富裕呢?

思考的结果是必须种经济树种。杨善洲带领他的团队,对大亮山的地质、气候等因素进行了细致的考察。他们发现,在大亮山上适合种植华山松。不过,华山松虽然用途广泛、经济效益高,但是成材较慢。于是,他们转变思路,决定种植果树。考虑了云南的气候条件,他们引进了大量龙眼树种,建立起龙眼水果基地。

不久,杨善洲了解到,本地产的黑山银峰茶在市场上的需求量很高。经过调研,他决定在山上建一个茶叶生产基地和一个粗茶叶深加工工厂。

茶树苗种下后,长势喜人。可就在茶树长得有半人多高的时候,发生了意外情况,大亮山上突发鼠患。有人向他报告:"不好了,杨书记!老鼠已将山上大部分茶树啃食完了!这可怎么办啊?"

杨善洲立即上山查看。茶场里一片狼藉,茶树差不多都被老鼠啃光了,只剩下光秃秃的树干。

见此情景,有人退缩了,想要放弃。杨善洲拍拍他的肩膀,转头对众人说:"大家打起精神来!茶园毁了我们可以再建。可是如果我们自己垮了,那这好不容易建起来的大亮山,就真的垮了。"林场的工人们被他充满激情的话语打动了,大家决定从头再来。

冬去春来,杨善洲采取多元种植经营方式,逐渐将施甸县的经济带动起来,老百姓的生活也越来越好。

有记者调侃杨善洲说:"您现在可真有钱,整座大亮山都是您的,这可价值好几个亿呢。"杨善洲一听就坐不住了,一再地纠正:"山上,我唯一还剩下的东西,就是我的被窝儿、锄头和耙子,还有山上的鞋子、镰刀,其他东西都是施甸县的。"

如今的大亮山,沙石遍地的景象已经成为历史,绿水青山真正地变成了金山银山。2011年,杨善洲被评选为"感动中国"十大人物之一,颁奖词是这样写他的:"绿了荒山,白了头发,他志在造福百姓；老骥伏枥，意气风发，他心向未来。清廉，自上任时起；奉献，直到最后一天。六十年里的一切作为，就是为了不辜负人民的期望……"

"清心为治本，直道是身谋。"杨善洲的一生，廉洁奉公，一心为民。为了带领人民群众走富裕之路，他扎根于贫瘠的土地中，用汗水浇灌出一片绿洲。他身上那种始终如一的坚守精神，以及舍我其谁的责任态度，正是值得后人学习的君子品行。

阮闵妍　刘经博

48 仁满华西

——吴仁宝篇

仁满华西好带头，宝刀不老砥中流。
英姿飒爽同圆梦，雄冠尧天第一楼。

（北京 赵晓然）

吴仁宝出生于江苏省江阴市华西村，他生活简朴，廉洁奉公。村里来了客人，他也只是接见会谈，谈话结束后回家吃茶叶蛋和面条。他曾说，家有黄金数吨，一天也只能吃三顿；豪华房子独占鳌头，一人也只占一个床位。正是这样一位勤俭朴实、以身作则的老人，带领华西村人民打造出了举国闻名的"天下第一村"。

六十年前，华西村还只是一个普普通通的江南村庄。全村占地不到一平方公里，村里三百多户人家，人口加起来还不到一千三百人，集体资产不足两千元，只有一台三十马力的柴油机。

当时，吴仁宝是华西大队书记。有一天，他蹲在田头，一只手拿着丈量土地的工具，另一只手夹着一根香烟。望着到处是坑坑洼洼的土地和高低不平的沟壑，他陷入了沉思。

土地贫瘠，庄稼歉收。都好不容易翻身做主人了，而如今却是束手无策。难道要让村民们一直过着苦日子吗？满心脱贫致富的渴望驱使着吴仁宝要改变这一切。

"我要彻底改变华西贫穷的面貌！"吴仁宝狠狠地吸一口卷

烟,然后掐灭烟头,冲着老伙计葛老岐喊道,"老葛!快,我们回去!"

回到办公处,两人铺纸研墨,准备制定一个十五年发展的远景规划。

"就在这纸上画多年以后的华西。我们一定要带领所有的老百姓都过上好日子,不愁吃不愁喝,家家户户都可以住上漂亮宽敞的大房子。"吴仁宝停顿了一下,接着说,"想要富起来,咱首先一定要提高粮食产量,不过就凭我们华西这些贫瘠的土地,是做不到的。"

葛老岐点点头,说:"是啊,巧妇也难为无米之炊啊。"

吴仁宝想了想,眼睛一亮,欣喜地说道:"我们可以建造一个小磨坊,这可是我们大家致富的第一步。这样,前些日子咱们买的那个大磨盘就派上用场了!"

为了这个磨盘,吴仁宝可是花了吃奶的力气。他回村发动村民,筹集钱款和粮食买磨盘。他自己几乎将家里所有的粮食都捐出来了,连孩子的口粮也没有留下多少。但这还不够,他又偷偷跟向阳大队的书记借了一袋粮食,这才把磨盘给买了过来。

"嗯,还应该建一个小工厂。"

……

两人俯身低头,眉飞色舞地在纸上憧憬着幸福生活的美好画卷,直至深夜。

大队会议上,吴仁宝打开画卷,让大家观看。

他对全体社员说:"你们看这里的一大片土地,既平整又肥沃。如果在这上面种粮,一定能提高产量。现在全队有八百多亩田,要是把这些贫瘠的土地都像这样平整一遍,再施上肥料,我们的粮食产量肯定可以翻一番。"

但是,社员们对吴仁宝的"大话"深表怀疑,认为吴仁宝的想法不切合实际。最后,会议不欢而散。

这天夜里,吴仁宝坐在台阶上,愣愣出神。妻子走过来劝道:"起来回屋睡吧,别抽烟了。"

"我是党员,得事事想着百姓才对。"吴仁宝起身丢下烟头,拿起铁锹和丈量工具,"不说了,我去地里。"

老百姓不理解,吴仁宝决定自己先干起来。他带着村里的几个党员来到田里,开始平整土地。不一会儿,一位党员有些丧气地说:"老吴,就凭我们几个,猴年马月才能干完呀?""总有一天会的。我们党员不能因为一时的困难就退缩,要以身作则,事事走在老百姓的前面,为他们造福。老百姓见着了,自然会跟上步伐的。为我们子子孙孙的福气,我们现在也要咬牙坚持下去。"说话间,吴仁宝并未停下手中的工作。

党员的示范作用,逐渐带动了普通群众。慢慢地,村民们陆陆续续加入了进来。吴仁宝更加有信心了。

整改土地的工作热火朝天地进行着。大家白天早早上工,晚上加班,点煤油灯、电灯、风灯,把可以用来照明的一切工具都拿来使用了,新整好的土地也越来越多。

但就在这个过程中,村里适婚的男青年却发愁了。原来,其他生产队听说华西村正在整改土地,白天黑夜不停地做活,怕嫁了女儿过来吃苦,谁都不愿意和华西村结亲。

怎么办?难道要队里血脉断绝吗?要不,整改土地停下来?这也是不可能的。如今正是关键时刻,如何能停?吴仁宝脚边再一次堆满了烟头,他陷入了两难境地。

"夫战，勇气也，一鼓作气，再而衰，三而竭！"如今正是整改土地的节骨眼儿上，不能退缩。吴仁宝认为，只能勇往直前，船到桥头自然直。

他再一次召开大队会议，向社员们分析了面对的困难，并说出了自己的想法。他说："我们华西村是杂姓村，没有血缘关系的可以自行解决。但是整地一定要做，我们要靠自己的努力过上好生活。"

书记的话激发了大家的斗志。于是，社员们开展"挑灯夜战""寒冬腊月战"，每个人都满怀着希望和热情。队里的男青年组成"青年突击队"，冲锋在前。女青年则组成"铁姑娘突击队"，挑土搬石头，修修补补，一样不落下。

吴仁宝带领社员们硬是凭着一股求富求强的热情，凭着一股顽强拼命的精神，早出晚归，刮风下雨不歇工，炎夏腊雪不停工，用七年时间人工重造了华西村的地貌。

土地平整为农业生产提供了坚实的保障。华西村的粮食产量逐年提高，到了1972年，华西村的粮食亩产超过了一吨。

但吴仁宝并不满足于这些，他说："发展农业也就是填饱肚子，老百姓手里没钱。"为了让"老百姓手里有钱"，吴仁宝从小磨坊厂做起，逐步办起了各种各样的小工厂。随着改革开放的到来，华西村的工厂也越办越多、越办越大。吴仁宝六十年前的那个规划早已实现。

然而在致富道路上，每个村都或多或少存在着难以克服的客观因素——华西村面积狭小，经济发展严重受到地域面积的限制，而邻近的许多村庄面积虽然较之大些，但是经济发展却远远落后，这怎么办呢？

吴仁宝提出了"一分五统"的并村理念，把附近二十个村子统统并入华西村，建成大华西，实现共同富裕。在实行时，吴仁宝要求充分尊重自愿原则，凡是想加入大华西的周边村子，村民必须自愿签字，签字率必须达到百分之百。现在，互帮互助、合作共赢的大华西向世人展示了一幅社会主义新农村的壮丽画卷，基本实现了"基本生活包，老残有依靠，就业促勤劳，小康步步高"。

孟子曰："君子以仁存心，以礼存心。仁者爱人……爱人者，人恒爱之。"吴仁宝使华西村成为"中国第一村"的故事广为流传。他将百姓记在心中，带领村民一步步走向温饱小康，带领周边村子奔向共同富裕。正如他自己所说：生命不息，服务不止。君子之为，以仁存心；君子之行，情满华西。

范丽珍

49 梦圆大地

——袁隆平篇

稻香南北梦终成，不忆为谁苦自撑。
万倍来之心有悦，世人解得此中情。

（北京 侯侯）

2004年，一位老人在美国依阿华州大学礼堂举办了一场关于超级水稻的报告会。台下的学生向报告人提问道："您是从小就喜欢农业吗？"老人听后笑着说："小时候，老师带我们到一个私人园艺场郊游。那里的景色很美，树上的桃子又大又红，架子上的葡萄亮晶晶的，当时我就决定长大后一定要学农。不过后来又想，如果那时老师带我们到真正的农村去，那我肯定不会学农了。"他的回答惹得众人大笑不已。

这位幽默风趣的演讲者，正是在人类反饥饿事业中作出巨大贡献的袁隆平。袁隆平生于1930年，是杂交水稻研究领域的开创者和带头人，被誉为"世界杂交水稻之父"。他一生致力于实现杂交水稻高产，希望所有人都能吃到颗粒硕大的稻米，不再忍受饥饿的痛苦。

1953年，刚刚毕业的袁隆平来到湖南西部的安江农校就职。工作中，他发现农民们辛勤劳作一整年，却仍有许多人因稻谷低产而饱受饥饿。民以食为天，怎样才能提高水稻的产量，让人人都有饭吃呢？袁隆平思索着。

一次出差的时候,袁隆平在书店的一本杂志上看到了西方学术界有关"基因遗传"的新论点。新奇的学术观念和科研思路让他精神一振,"或许,我们国家关于水稻产量的生产定论并不正确?"袁隆平大胆地提出质疑。

然而,在查阅相关资料后,袁隆平却发现,早年间国外许多研究人员就对杂交水稻进行了研究,但都觉得没有可能实现。袁隆平想:"外国人没有成功,难道中国人就一定不行吗?"

随后,他便马不停蹄地忙碌起来。图书馆里,他手抄笔录,大量搜集关于杂交水稻的资料;学校的试验田里,每天都能看到他弯腰劳作的身影。

一块不大的试验田里,袁隆平每天一待便是几个小时。他要找寻"雄性不育株",也就是水稻中雄蕊发育不正常、雄性性功能缺乏的一类。只有找到这类特殊的苗株,实验才有可能继续进行下去,这也是杂交水稻研究最基础最重要的一步。

功夫不负有心人。1960年7月的一个下午,他找到了一株"鹤立鸡群"的优质杂交稻,这让他备受鼓舞。

接着,袁隆平通过对杂交玉米、杂交高粱的借鉴,经过四年的研究,终于在培育的数千株稻穗中发现了三株不育株。随后两年,他又在不同水稻品种中发现了六株。他大为欣喜,立即撰写论文,发表自己的成果,可却遭到当时学术界的讽刺、嘲笑和挖苦。尽管如此,他也不气馁,依旧坚持自己的研究。

袁隆平翻阅大量资料,加上自己的实验,提出了"三系杂交水稻"的构想,以期能周密地实现杂交水稻的优势利用。为了实现这个构想,他将千辛万苦找来的几株雄性不育株栽种在自己家的瓷盆土罐里,像对待孩子一样珍爱它们,还时不时对着秧苗说:"我的研究就看你们了,人民的肚子就靠你们了!"

不久,"文化大革命"开始了,袁隆平成了批斗对象。一天,一伙人闯了进来,捣毁了试验田。袁隆平痛不欲生。庆幸的是,他在被扔进水井的乱草中找到了五株完整的秧苗,顿时如获至宝。在他的细心呵护下,秧苗重新焕发了生机。

"丈夫贵不挠,成败何足论",这件事不仅没有击垮袁隆平,反而让当时的国家科学技术委员会知道了这项研究。科委表示,愿意大力支持。对袁隆平来说,这无疑是雪中送炭。

在那之后的几年,袁隆平带着两个助手一心研究杂交水稻。当研究好不容易有些起色的时候,春寒来了,喜温的水稻极惧寒冷,没有升温设备的三人只好用身体做暖炉,悉心呵护秧苗。可这也不是长久之计。一番思考后,袁隆平决定将研究基地转移到海南。然而不久之后,海南发生了一场地震,导致基地坍塌。好在袁隆平在废墟里扒出了一些珍贵的"命根子",研究才得以继续。

研究到了瓶颈期,大家都很着急。袁隆平同样很焦急。可他知道,想要找到突破口,就必须保持冷静。他细致分析了每一条研究记录,经过反复思考,他说:"我们已经研究六七年了,时不我待呀!国家和人民都在看着我们,我们一定要做好研究,拿出成果!现在我们转换路线,从野生稻身上找突破口!"

经过大量的调研,他们掌握了野生稻的基本分布情况,决定从海南找起。寻找雄性野生稻,是件劳心费力的事。由于寻找一直未果,两名助手都有些受打击,情绪不高。袁隆平就在休息的时候给他们讲故事,说笑话。在他的鼓励下,两个年轻人重新振作起来。最终,他们发现了三株雄性野生稻。

可是天有不测风云，稻种发苗之后，一场台风在海南登陆，淹没了试验田。紧急关头，袁隆平带病上阵，与众人一起抢救。还好救护及时，秧苗总算无恙。

外界对袁隆平一直持批评态度，讥讽他的研究不切合实际。但成功总不会亏待那些努力奋斗的人，1973年10月，袁隆平郑重宣布：“我国籼型杂交水稻'三系'基本成功！”这无疑是震惊世界的一条消息。很快，"三系"方案展现出了杂交水稻的魔力，水稻的产量直线上升。

随即，袁隆平开始了三系杂交水稻的推广工作。种子从海南运到湖南，播撒在三湘大地上，又迅速来到了大江南北的稻田里。高产的杂交水稻走向了全国，这让农民们欢呼雀跃，让多年来渴望增产的人们看到了希望。

三系杂交水稻成功了，但是袁隆平并不安于现状。他深知，他离梦想还有些距离。他说：“三系杂交水稻成本高，周期长，育种复杂，我们必须由繁到简，从三系简化到二系再到一系……”他带领团队马不停蹄，继续向更加优质杂交水稻的研究进发，续写"东方魔稻"新篇章。

经过长达九年的研究，袁隆平及其科研团队攻克了诸多难关，取得两系杂交水稻的成功，进一步提高了水稻产量。紧接着，袁隆平又向一系杂交水稻，也就是所谓"超级稻"的研发进军。直至今日，"超级稻"的研究还在继续。

袁隆平说，他有两个梦想，一个是"禾下乘凉梦"，一个是"杂交水稻覆盖全球梦"。他梦想着，水稻长得有高粱那么高、谷粒有花生米那么大，世界各国人民都能享受到杂交水稻带来的福利。

古人说："士君子之处世，贵能有益于物耳。"从三尺讲堂到乡间田畈，袁隆平带着敢于质疑权威的过人胆识和百折不挠的坚韧意志，披荆斩棘，耕耘不休。如今，他硕果累累，名满天下，依旧淡泊名利，潜心钻研。皓首不移旧志，赤心还念新仁。杂交水稻的成果已经惠泽世界，而袁隆平的君子仁行同样随着这稻香禾浪播种、传扬。

阮闵妍

50　爱在政和

——廖俊波篇

白水青峦俱苦辛，更将热血付脱贫。

政和有幸存风骨，永记开山引路人。

（河南　道小僧）

一次，理发师给一个两岁半的小男孩剪头发，他笑着对孩子说："你的脑袋长得比别人大一倍，要多收一倍的钱。"男孩觉得委屈，母亲知道后，摸摸儿子的头，笑着说："伯伯跟你开玩笑呢，脑壳大有什么不好？脑壳大的人都聪明，将来是要想大事、干大事的人呢！"

这个男孩长大后，果真用自己的聪明智慧，带领百姓走上富裕之路。他就是人民的好公仆——廖俊波。

2011年的夏天，廖俊波被叫到办公室，省委领导对他说："你即将要去的政和县，很偏、很穷，而且交通不好，经济发展长期都排全省倒数第一。"廖俊波听后笑了，他说："樵夫就是要扎入大山的。"

到任政和的第一天，廖俊波这位县委书记就悄悄地开始了走访和调查。

这里的穷困出乎廖俊波的意料。狭窄的道路上没有红绿灯和斑马线，路边的电线杆东倒西歪，电线密密麻麻地缠在一起。县里没有文化中心，也没有市民广场，房屋破旧，街上也很少有行人。

廖俊波到了一个村子。泥泞的土路坑坑洼洼，几段水泥路也全都变了形。村里的房子都是老瓦房，墙外刷的一层土早已经掉得斑驳不堪。垃圾随处可见，刺鼻的气味扑面而来。

两个月的走访，让他对政和存在的种种问题有了深入的了解，也对这个地方的发展有了大致的规划。紧接着，他组织全县副科级以上干部，召开了一场"政和经济如何发展"的头脑风暴会。会议一开就是三天。

最后，廖俊波说："问题大家都看到了。的确，政和在前行的道路上走了弯路，被抛在了后面，怎么办？难道要自暴自弃，悲观失望吗？"他提出，要从工业、城市、旅游、回归这四个角度改变政和。但是一些干部却在下面小声嘀咕着："我倒要看看，是你改变政和，还是政和改变你。"

会后，廖俊波着手推动工业园区建设，困难却接踵而来。

园区启用了一批年轻干部，但也需要一些熟悉情况的老干部来统筹协调。然而，那些老干部不是说"精力不行了，干不动了"，就是说"我不缺钱，对仕途也没有想法，就想按部就班地退二线"，谁也不愿意挑这个担子。

廖俊波就利用休息日，往一些老干部家跑。一次次的聊天终于做通了一些人的思想工作，几位老干部被廖俊波的真情打动，同意到园区参加工作。

然而，在工业园区选址的问题上，廖俊波又遭遇了强烈的抵触。村民们不愿意搬迁，还说："在偏僻山区大搞工业？这不是背石头上山吗？又是为了政绩瞎搞！"

这是怎么回事呢？原来，园区范围内，有不少村民家的祖坟需要迁移。在农村，迁祖坟可是一件大事，村民们在感情上一时接受不了，就说了不少怪话。

廖俊波听到汇报后，当晚就去了一位老汉家。老汉家在园区有二十多座祖坟要迁，因此也是反对意见最大的一位。廖俊波把园区建设的意义及建成后的好处，详细向老人解说。然后，他向老人保证："大爷，园区建好以后，如果三年内你们还不能脱贫，我就向你请罪。"

老汉被感动了，表示愿意带头迁坟，还同意帮助村干部去说服全村人对三百多座坟进行迁移。

园区很快就建成了，廖俊波又开始没日没夜地到处招商。司机问他："廖书记，您每天这样跑不休息吗？"廖俊波回答说："还有很多事要做，得抓紧才行。"

功夫不负有心人。随着一批批客商入驻园区，廖俊波硬是在政和这个传统的农业县建起了省级工业园区，掀起一场改写本县农业历史的"工业革命"。

四年时间里，政和发生了翻天覆地的变化。一条条宽阔的马路修通了，桥梁也架设起来了。当地学校的办学条件不断改善，培养出了政和第一批考上了清华大学、北京大学的优秀毕业生。往日的"垃圾村"变成了国家级旅游景区，人们生活富足起来了，还跳起了广场舞。

2013年，政和县进入了福建省县域经济发展十佳的名单，而这种变化的速度，被当地的人民亲切地称为"俊波速度"。

廖俊波一心一意为人民办实事，他的所作所为得到群众的广泛认可。一位老人为表示对他的感激，专门写了一副对联贴在自己家的门上：上联是"当官能为民着想"，下联是"凝聚民心国家强"，横批是"俊波你好"。对联虽不工整，却饱含了当地民众对廖俊波的支持和感谢。

2015年11月,廖俊波升任为南平市副市长,他肩上的担子更重了。为了吸引更多的上市公司入驻南平地区,廖俊波每天更加努力地工作。

不幸在2017年3月的一个雨夜发生了。

廖俊波因为三天连续跑了四个城市进行招商,身心非常疲惫,吃完晚饭,他就坐在沙发上缩成一团睡着了。等妻子收拾完碗筷时,他才睡眼蒙眬地醒来,站起身准备出门开会。

妻子心疼地问道:"这么累,把开会时间推一推,明天再开好吗?"廖俊波却回答说:"那可不行,会议已经安排了,就不能改。"妻子见他主意已定,只好为他拿起衣服,叮嘱道:"俊波,雨下得这么大,你让司机开慢点。"

谁知,汽车行驶到高速路上的小桥路段,突然发生侧滑,廖俊波被甩到车外,脖颈受到碰撞。很快,他被送到医院,但最终抢救无效,因公殉职。

送走廖俊波那天,妻子哭成了泪人,那些自发悼念他的人群也将前后数十里的道路堵得水泄不通。百姓为了纪念他,在政和县广场立了一个石碑,石碑上面写着四个大字:"爱在政和。"

明末清初的思想家黄宗羲曾说:"夫以千万倍之勤劳,而己又不享其利,必非天下之人情所欲居也。"廖俊波正是这样。在职期间,他夙夜在公,始终以群众的利益作为自己行动的出发点。为了帮助老百姓尽快脱贫致富,他舍小家、为大家,始终奔波在工作中,努力地改变着政和的面貌。廖俊波走了,但他身上的君子品质,将会一直留在人们的心中。

刘经博